陳式實用太極拳法二路

진식 실용태극권법 2로

64식
포추권법

진식실용태극권법 2로

발행일	2024년 2월 28일		
지은이	김용제, 양성찬		
펴낸이	손형국		
펴낸곳	(주)북랩		
편집인	선일영	편집	김은수, 배진용, 김부경, 김다빈
디자인	이현수, 김민하, 임진형, 안유경	제작	박기성, 구성우, 이창영, 배상진
마케팅	김회란, 박진관		
출판등록	2004. 12. 1(제2012-000051호)		
주소	서울특별시 금천구 가산디지털 1로 168, 우림라이온스밸리 B동 B113~115호, C동 B101호		
홈페이지	www.book.co.kr		
전화번호	(02)2026-5777	팩스	(02)3159-9637

ISBN	979-11-93716-78-6 03690 (종이책)	979-11-93716-79-3 05690 (전자책)

(주)북랩 성공출판의 파트너

북랩 홈페이지와 패밀리 사이트에서 다양한 출판 솔루션을 만나 보세요!

홈페이지 book.co.kr　•　**블로그** blog.naver.com/essaybook　•　**출판문의** book@book.co.kr

---

작가 연락처 문의 ▶ ask.book.co.kr

작가 연락처는 개인정보이므로 북랩에서 알려드릴 수 없습니다.

陳式實用太極拳法二路

진식 실용 태극권법 2 로

흐름 속의 중심

64식
포추권법

김용제
양성찬
지음

북랩

진식 18대 홍균생 노사

진식 19대 장련은 선생

김용제·양성찬 태극권 수련자

한국태극권협회 도반 일동

실용태극권은 진식태극권의 근대 태두로 알려진 진발과 노사(1887-1957)에게 사사한 홍균생 선생(1906-1996)에 의해 태극권의 기본원리인 전사(纏絲)방법을 엄격히 준수하고 음양(陰陽)의 상대 원리를 더하여 태동하였다.

실용태극권은 진식태극권(陳式太極拳)의 한 유파로서 투로(套路)에 추수(推手)의 기법이 그대로 녹아 있는 실용권법(實用拳法)이다. 따라서 흐름 속의 중심, 중심 속의 흐름으로 순응하며 마음 중심(中心), 몸 중심(中心)에 바탕을 두고 있다.

태극권 수련은 작용의 경로(經路)를 살펴 각각의 제 할 일을 제 갈 길로 촉진시켜가는 수련으로 본래의 흐름, 자연의 결을 확장해가는 공부라 하겠다. 무릇 쓰임의 핵심은 전사(纏絲)라 할 수 있으며 이것을 명확히 실행하지 못하면 권법(拳法)을 명확히 이해하지 못한 것이다.

전사(纏絲)는 공전(空轉)과 자전(自轉), 그리고 변화(變化)와 불변(不變)의 상응(相應)에 의해 큰 흐름의 작용을 일으키고 작용은 조건으로 상응된 과정의 결과물로 본래는 신묘한 텅 빔으로 성립된다.

저자들은 그간에 함께 수련하며 경험하고 사유해온 공부를 토대로, 공동으로 본 교본을 집필하였다.

각 초식의 형태는 초학자가 참고하기 용이하도록 사진과 병행하여 설명하였다. 또한 작용법은 추수연공법 속에 단순한 초식의 적용으로 경로를 면밀히 살피며 유기적으로 보완하여 공부할 수 있도록 하였다. 각자의 개성으로 추구하는 뜻은 다를 수 있으나 단순성(單純性)의 기틀로 보편성(普遍性)으로 거듭될 수 있도록 조화(調和)와 균형(均衡)에 촉

매제 역할을 할 것으로 믿어 의심치 않는다.

태극권은 무술(武術)이면서 명상(明想)이고 도(道)이다. 그 길에 눈 밝은 인연으로 소통하며 지속적인 끈기와 훈련 속에 열린 자각의 안목(眼目)이 중요하겠다. 이로써 삶의 흐름에 있는 그대로 안착되며 심신의 면역력 증장은 물론이고 초연(超然)함 속에 성숙되고 만족된 삶을 누려갈 것으로 확신한다. 조화와 균형, 그리고 평화와 만족으로 승화하지 못한다면 음양에 틈이 벌어진 것으로 알고 자기를 다시 살피며 검증하여야 할 것이다.

각자의 인연으로 태극행의 이로움이 널리 퍼지길 바라며, 무시무종(無始無終) 삼태극(三太極)으로 스스로를 비춰 볼 수 있는 모든 인연에 두 손을 모은다.

특히 본 교본이 발행될 수 있도록 물심양면으로 아낌없이 마음을 내어주신 이원영 선생님과 이유진 선생님께 감사드리고, 세월 속에 함께 공부하며 도움을 주신 울산 김동균 도반님, 이천 이대건 도반님, 순천 강대영 도반님, 제주 이현종 도반님, 제주 오창기 도반님, 진주 진성곤 도반님께 감사드린다.

이 책의 저술 과정에서 수많은 태극권 선구자들, 특히 홍균생 선생과 장련은 선생의 교본을 중요 참고 자료로 활용하였다.

책을 저술하며 저자들도 스스로의 공부를 다시금 살펴보고 무술을 향한 초심을 다잡는 계기가 되었다. 이 책을 계기로 독자들 또한 무위성(無爲性)의 인연을 감사로 여기며 머묾 없는 정진(精進)으로 인연 따라 유연하게 흐르며 한 생각 전의 무심(無心)과 무형(無形)의 중심성(中心性)으로 원대(原大)해져가길 소망한다.

2024년, 태극의 봄을 맞이하는 어느 날에
여해 김용제
양성찬

❖ 추천의 글 ❖

　진식실용태극권 책을 김용제, 양성찬 두 분 명사님이 출간한다고 하니 우선 기분 설레고 좋았다. 선수와 심판으로서의 인연이 지금은 태극권 애호가로서 도반으로 인연이 되어 태극권 역사를 만들어가고 있다.

　김용제 선생님은 남권 국가대표로서 국위를 선양하고 은퇴 후 태극권에 매진하여 중국 진가구 초작대회 추수(겨루기), 권법 부분에 특출한 기량을 선보여 선수나 지도자들로부터 관심을 한 몸에 받았다. 특히 추수 부분은 체급 경기인데도 본인의 본래 체중보다 3체급 이상 높은 상대들과 겨뤄서 압도적인 경기를 치러 관심과 집중의 대상이 되기도 했다. 이는 수련과 수행의 방편으로, 승패를 넘어 호연지기를 기르는 방편이다. 그리고 중국 홍파태극권협회에서 진식실용태극권 명가로 인증을 받기도 하였다. 진식홍파태극권 대회에서는 인기를 한 몸에 받았으며 인기 절정으로 연예인처럼 사람들이 사진 촬영하러 줄을 서기도 했다.

　양성찬 선생님은 태극권 국가대표로써 10여 년 이상 활약하면서 국내 대회는 물론 세계 대회 및 각종 대회에서도 한국 최초로 태극권 및 태극검 부문에서 1위를 했으며, 2002년 부산 아시안게임에서는 한국 최초로 금메달을 획득하였다. 선수 생활을 은퇴하고 국가대표 감독으로 활동하였으며 은퇴 후 기존 공부에 머무르지 않고 전통태극권 수련 공부에 매진하여 드디어 책을 출간하기에 이르렀다.

　태극권 발전을 위하여 김용제 선생님은 2011년 한국태극권협회를 창립한 후 한국태극권협회 4대 회장으로서, 양성찬 선생님은 5대 현직 회장으로서 태극권을 익히는 데 있어 수련과 수행이 함께할 수 있도록 길을 제시하였다. 즉, 태극권이 곧 수행이며 마음법이라는 화두를 두어 새로운 지평을 열었다. 두 분은 늘 도전과 변화를 꾀하는 지도자의 모범상이지 않나 싶다.

한 권의 책을 출간하기 위하여 얼마나 큰 노고와 열정, 그리고 공력이 들어가는지 알기에 마음으로 꼭 안아주고 싶다. 국내에서 지금까지 50~60종 정도의 태극권 관련 책들이 출간된 걸로 안다. 그간 번역서가 출간된 적은 많지만 정작 태극권을 공부하는 사람들에게 도움을 주기 위하여 자신이 직접 경험하고 공부한 내용으로 쓰여진 책은 많지 않다. 그만큼 심혈을 기울이지 않으면 가치 있는 전문 서적으로 설 수 없다. 이 책은 한국 태극권의 변화에 명실상부한 초석이 될 것이다. 이 진식실용태극권 책은 기존의 권법 순서를 익히는것에 머물지 않고, 진식태극권의 핵심인 사정추수에 전사경을 응용한 용법을 설명하여 이에 대한 쓰임새를 알려주는 책으로 국내에서는 유일한 책이다. 본 교본을 통해 진발과(17대), 홍균생(18대), 장련은(19대) 노사계를 이어 김용제(20대), 양성찬(20대)가 이어받아 한국에 태극권의 정수를 뿌리내릴 것이다.

두 분 명사의 노고에 박수를 보내며, 한국태극권협회의 발전과 한국태극권의 활성화에 기여할 이 책이 많이 보급되기를 바란다. 두 분의 앞날에 행운이 함께하기를 마음으로 기원하며 이 글을 담아 태극인과 함께 축하드린다.

2024년 봄기운을 받으며 인선당에서
한국태극권협회 人中武 강대영

차 례

⊗ 일러두기

* 본 교본은 서예를 배울 때 한 획, 한 획 바른 서체를 익혀가듯 단순하고 간소화된 바른 형태의 신체 구조를 중시합니다.

* 본 교본은 마음과 몸의 실용적인 구조와 기능 속에 권법(拳法)의 묘리를 내포하고 있습니다. 또한 태극권의 핵심인 방송(放松)의 운기로 인간(人間)이 하늘과 땅 기운에 근간을 두고 삶을 건강하고 윤택하게 할 수 있는 방향성의 길을 지향합니다.

* 본 실용태극권은 움직이는 선(禪)으로서 마음과 몸에 본래의 태극성 회복을 지향합니다. 그리하여 무위자연(無爲自然)의 도(道)가 일상에 공존하는 것과 말과 글의 생각에 안정(安靜)과 안심(安心)으로 최정상(最頂上)의 행을 지향합니다.

* 본 교본을 참고로 진식실용태극권을 익혀나가는 데 좀 더 수월할 수 있도록 최대한 난해한 용어나 설명은 기피하였고 기본적인 바른 체(體)의 구조와 구성에 도움이 되고자 교본을 작성하였으며 시절 인연이 된다면 꼭 눈 밝은 인도자(리導者)와 직접 소통하며 익혀가야 합니다.

* 본 교본은 권법 동작의 방향은 정면을 동쪽으로 하여 기세(起勢)를 시작합니다. 이때 뒤쪽은 서쪽, 오른쪽은 남쪽, 왼쪽은 북쪽이 됩니다. 동시에 안법의 방향, 신법이 회전한 후 가슴의 방향, 보법의 방향, 보행 후 서 있는 방향, 수법의 운동 방향, 손이 고정된 후 손바닥의 방향, 중지의 방향을 동서남북 4방향과 동북, 동남, 서북, 서남 4가지의 비스듬한 방향으로 표기하였습니다.

* 본 교본에서 수법 설명 시 방향 기준점은 다음과 같습니다. 명치 부위는 호근(弧近), 배꼽 아래 좌우 부위는 호저(弧底), 어깨와 수평 끝 좌우 부위는 호첨(弧尖), 머리 위 좌우 부위는 호정(弧頂)입니다.

진식실용태극권 추수의 십삼세(十三勢) 운용

홍균생 노사는 "태극권은 하나의 건축물과 같으며 십삼세(十三勢)는 그것의 건축 재료다"라고 하였다. 태극권의 심법(心法)이란 무위법(無爲法)이고, 신법(身法)은 중정법(中正法)이고, 보법(步法)은 전후법이고, 수법(手法)은 붕·랄·제·안·채·열·주·고이다.

1. 안법(眼法)은 눈에 의지해 나타난다.

눈은 변화를 관찰하고 감지하는 기관이다. 관찰 범위는 모든 방위이며 올바른 중정으로 자연스러워야 하며 온전한 의식으로 깨어 있어야 한다.

2. 신법(身法)은 보법과 수법의 움직임을 담당한다.

진식태극권의 신법은 주로 나선 운동의 형식이기 때문에 좌우로 회전할 때에는 자연스럽게 입체 나선형으로 만들어진다. 일반 태극권에서는 회전 방향이 주로 45°로 몸통을 회전하는 데 비해 진식실용태극권에서는 상하로 맞물린 기어 추동력에 따라 45°보다 더 많이 회전할 수 있다는 점에 유의해야 한다. 물론 보법의 진퇴와 신법의 상황에 따라 각도를 더 크게 할 수도 있다. 그리고 몸을 회전할 때 어깨 한쪽은 약간 높게, 다른 한쪽은 약간 낮게 기울어져 있어야 나선 본체를 만들 수 있지만, 너무 지나쳐서 허리가 꺾이면 안 된다. 신법은 경직된 중정이 아니라 움직임 속에 안정된 중정을 요구한다. 사타구니 안쪽을 이완하고 원형이 되도록 벌려서 편안함을 유지한다.

3. 보법(步法)은 상하배합의 법칙이 중요하다.

나아가고 물러나며 신법의 회전과 상황에 따라서 변한다. 기본 보형은 마보(馬步)로 허실을 전환하고 흐름은 물과 같으며, 멈추는 곳에서는 산처럼 안정된다. 방송으로 가라앉히는 가운데 가벼움이 있어야 한다. 그리고 무릎을 들어올리는 동작에서 지탱하는 다리는 굳건해야 하고, 발바닥의 중심력이 상대 다리의 반탄력에 밀리지 않도록 해야 한다.

경(勁)을 운용하는 것은 보법의 진퇴와 같이 사용한다. 추수에서 말하는 "사량(四兩)으로 천근(千斤)을 이긴다"라는 견인법은 손으로 하는 것이 아니라 경의 운용으로써 상대의 중심을 이용하는 것이다. 중심을 무너트리면 사량이 천 근의 역할을 발휘할 수 있다. 물론 상하가 잘 맞아야 한다.

4. 수법(手法)은 순전(順纏)과 역전(逆纏)으로 서로 교차한다.

순전이란 손바닥을 위쪽으로 뒤집는 것으로서 이때 새끼손가락은 휘감아 들어오고 엄지는 바깥쪽으로 돌아간다. 팔꿈치와 손목은 가라앉으며 호선을 그린다. 역전이란 손바닥을 아래로 뒤집는 것으로서, 이때 엄지는 안쪽으로 돌아가며 새끼손가락은 바깥으로 돌린다. 손이 팔꿈치를 통솔하고 팔꿈치가 어깨를 움직이게 한다. 팔꿈치를 거두어들일 때에는 옆구리 가장자리로 가까이 당긴다. 손의 열고 닫음은 작게 가슴 앞에서 변화한다. 팔꿈치를 느슨하게 이완하고 가라앉히는 것은 매우 중요하다.

진식실용태극권 팔법(八法)

태극권 8법은 전사경(纏絲勁)을 기본으로 한다. 전사경은 조화롭게 어우러진 하나의 힘을 가리킨다. 즉, 나선운동의 순역변화를 통해 지속적으로 단련하여 생기는 힘이며, 순조롭고 자연스런 흐름으로 이끌어 감는 힘이다. 이것을 내력이라고도 부른다. 전사의 힘을 이용하여 여러가지 관통하는 수법이 붕·랄·제·안·채·열·주·고 8가지 종류이다.

1. 붕(掤)

붕법은 사방팔방에서 공격해 들어오는 상대방의 손을 순역의 변화로 마주하여 접하는 실용법으로, 여기에는 정붕과 반붕이 있다. 정면에서 손을 접하는 제1식 금강도대의 제1동작은 정붕이다. 배후에서 손을 접하는 이기각, 포두추산과 2로의 복호 동작은 반붕이다. 붕법은 상대의 변화에 따라 순전으로 손을 접하는 도대, 포두추산, 이기각, 역전으로 손을 접하는 2로의 복호가 있다. 제5식 좌전신금강도대는 좌붕법이고 제13식 우전신금강도대는 우붕법이다. 좌측 붕법은 역전으로 접하고, 우측 붕법은 순전으로 접한다. 붕법은 인화(引化)위주이다.

2. 랄(挒)

랄법은 비스듬하게 거두어들여 무력화하는 수법으로 좌우·상하·뒤쪽으로 떨어지지 않게 하며 팔이 너무 느슨하거나 무거우거나 높아서도 안 된다. 손을 접하는 법칙은 오른손을 오른손이 맞이하고 왼손은 왼손이 맞이함을 요구한다. 예를 들어 앞손은 상대의 팔꿈치 관절 위에 감겨져 있고 아래로 내려앉아 바깥쪽으로 이끌어 뒷손과 배합하여 합력으로 앞손의 팔꿈치 끝이 젖가슴 앞으로 이끌리면 분력으로 변하여 바깥쪽으로 이끈다. 이때 좌우 팔꿈치는 옆구리에서 떨어지지 않도록 붙인다. 제3식 육봉사폐는 좌랄법이고 제80식 당문포는 퇴보우랄법으로 좌우순전사로 합력에서 분력으로 나누어지며 행한다.

3. 제(擠)

제법은 손등을 바깥쪽으로 하여 상대를 밀치는 수법으로, 상대의 변화에 따라 변화하여 손바닥을 바깥쪽으로 뒤집어 누른다. 예를 들어 제4식 단편의 3동작과 4동작은 순으로 받아 역으로 펼친다. 또 다른 예로 제61식 좌진보제는 손바닥이 아래를 향하고 새끼손가락을 바깥쪽으로 역전하여 밀어내는 것이다.

4. 안(按)

안은 손바닥으로 상대방을 밀어내는 동작이다. 방법으로는 양손, 한 손의 방법이 있다. 양손의 안법은 손바닥을 역전하여 감아 상대를 누르는 것이다. 예를 들어 제3식 육봉사폐의 5동작은 양손을 오른쪽으로 역전하여 감아 상대의 양팔을 그 가슴에 봉(封)하는 것이다. 한 손의 안법은 한쪽 손바닥으로 상대를 밀어서 누르는 것인데, 제4식 단편의 5동작은 왼손 한 손으로 상대 가슴을 밀어 누르는 것이다.

5. 채(采)

채는 순전사로 상대방의 손목 부위에 접하고 뒤에 바로 역전으로 변환하여 왼쪽 혹은 오른쪽 후상방으로 이끈다. 이때 팔꿈치는 가라앉히고 어깨가 들뜨지 않도록 주의한다. 제1식 금강도대 1동작은 오른손이 순전사로 접하고 왼손은 가슴 위로 높이 올라간다. 접하는 양손은 비록 합력이었지만 즉시 분력으로 상대의 팔꿈치 관절을 닫는 것이다. 너무 무겁거나 가볍게 시도하지 않도록 달라붙어 이끌어야 한다. 이는 양손의 배합으로서의 채법이다. 한 손의 채법은 예를 들어 제6식 백학량시 2동작의 우채좌안법이 있고, 제13식 금강도대 3번째 동작은 오른손 한 손의 채법과 오른발 소법으로 거두는 동작이다.

6. 열(挒)

오른쪽 전완을 상대의 팔꿈치 위에 얹고 합력으로 감은 후 순전사로 오른쪽 앞 아래로 돌리면서 양손에 배합하여 분력으로 우열법을 발출한다. 우열법은 오른손을 감을 때 팔꿈치를 안쪽으로 당긴다. 열법은 팔꿈치의 경을 사용한다. 상대방의 손목을 잡은 손이 순전으로 견고하게 돌려 잡아 약간 아래 안쪽으로 당긴다. 외형은 마치 역전하여 감는 것 같지만 실은 순전으로 감는 것으로, 이는 실용태극권의 면밀한 부분이다. 예를 들어 고탐마의 마지막 동작, 도권굉 좌우퇴보의 첫발, 2로 참수의 전신 동작은 모두 상대의 팔꿈치 관절을 닫는 것이다.

7. 주(肘)

주법에는 순란주, 요란주, 연환주(수주세)가 있다. 팔꿈치 방향과 보법의 방향이 일치하는 순란이 있고, 보법과 상반되는 요란주가 있다. 연환주는 양쪽 팔꿈치를 연환해서 사용한다.

8. 고(靠)

고법에는 어깨, 고관절, 엉덩이, 무릎 등 여러 가지가 있다. 어깨와 고관절은 보법에 의지하여 상대방의 다리 안쪽이나 바깥쪽으로 들어가는데 몸통이 매우 가까울 때 발끝을 내딛으며 경을 발출한다. 엉덩이 고법은 당경을 아래로 내려뜨려 상대의 다리를 누르는 것으로, 1로 제77식 천지룡의 2동작은 뒤에서 상대방이 허리를 끌어안는 것을 해결하는 작용법이다. 무릎 고법은 정면으로 무릎을 들어 상대의 낭심을 공격하는 실용법이다.

64식 포추권법

진식실용태극권법은 기본공법 훈련과 1로 기초권법 훈련을 통해 몸놀림에 조화를 이루고 동작 규격이 충족되면 2로 64식 포추권법(炮捶拳法)을 익힌다.

  2로 포추권법은 1로 권법을 기초로 하여 몸을 돌려 전환하는 동작과 뛰어오르고 도약하는 동작을 추가하여 권법이 영활하며 실전적으로 이루어졌다. 이런 이유로 더 많은 힘을 발휘하는 동작들로 이루어졌다. 다만 각자 역량껏 무리 없이 익혀나가면 심신의 공력 증진에 탁월할 것이다. 그래서 사람들은 상형적인 의미로 온전한 통으로 친다 하여 '포추(炮捶)'라 부르게 되었다.

0. 예비세

시선은 동쪽을 보고 마음을 가라앉히고 온몸을 편안하게 하며 신법은 움직이지 않으며 가슴은 동쪽을 향한다.

양발은 어깨너비로 벌리고 양 손바닥은 안쪽으로 하며 손가락은 가지런히 편다.

1. 금강도대(金剛搗碓)

모두 7개의 분해 동작이다.

1. 시선은 동쪽을 보고 신법은 먼저 오른쪽으로 돌리고 다시 왼쪽으로 돌려 가슴을 동쪽으로 향한다. 양쪽 다리는 어깨너비의 마보를 유지하고 신법을 왼쪽으로 돌리는 것에 따라 고관절의 경을 가라앉혀 견고하게 세운다. 왼손은 몸을 왼쪽으로 돌림과 동시에 팔꿈치를 가라앉혀 원을 그리며 왼쪽 어깨선과 평행을 이루고 손바닥은 아래쪽을 향하고 중지는 오른쪽으로 비스듬히 치켜세운다. 오른손은 순전하여 안쪽 아래로 원을 그리며 가슴 앞으로 비스듬히 들어 손바닥은 왼쪽 위로 향하고 중지는 위로 비스듬히 치켜세운다.

작용: 전방상붕법(前方上掤法)

상대가 앞쪽에서 오른손으로 가슴 부위를 공격하면, 몸을 왼쪽으로 약간 돌려 오른손으로 상대의 오른쪽 손목 외측에 접하여 공격해 오는 기세를 밖으로 밀어 중심을 잃게 하며, 동시에 왼손으로 오른쪽 팔꿈치 관절 위쪽을 덮어 팔꿈치의 공격을 방어한다.

2. 시선은 불변하고 신법은 오른쪽으로 돌려 가슴을 동남쪽으로 향한다. 오른쪽 다리
는 발뒤꿈치를 축으로 발끝을 바깥쪽으로 돌린다. 왼손은 제자리에서 순전하며 팔
꿈치를 가라앉혀 호근으로 당기고 손바닥은 동남쪽을 향하며 중지는 위로 비스듬
히 치켜세운다. 오른손은 호근에서 역전하여 팔꿈치를 밖으로 이끌어 원을 그리며
손의 높이가 아래턱 부위에 위치하고 손바닥은 오른쪽 아래로 비스듬히 향하며 중
지는 위로 비스듬히 치켜세운다.

작용: 우나좌인붕법(右拿左引掤法)
상대방의 오른손 공격이 무력화되고 다시 어깨로 공격해 오면 그 흐름을 타고 오
른쪽으로 신법을 돌려 오른손으로 상대의 손목을 돌려 잡고 왼손은 순전하여 오른
손과 배합하고 붕법(掤法)으로 이끌어 무력화한다.

3. 시선은 불변하고 신법은 계속 돌려 가슴을 남쪽으로 향한다. 오른쪽 다리는 고관
절의 경을 가라앉히고 견고하게 세우며 왼쪽 다리는 동시에 지면을 쓸듯이 동북쪽
으로 나아가 발끝을 지면에 내리고 측마보를 만든다. 왼손은 신법에 따라 안쪽 위
로 원을 그리며 턱 앞쪽으로 당기고 손바닥은 위쪽을 향하며 중지는 위로 비스듬
히 향한다. 오른손은 왼발의 움직임과 동시에 오른쪽 위로 비스듬히 펼쳐 호정에
이르게 한다. 손바닥은 오른쪽 전방 아래로 비스듬히 향하고 중지는 위로 비스듬
히 치켜세운다.

작용: 우채좌주열법(右采左肘挒法)

상대가 오른발을 내딛어 고법으로 공격해 오면 상대의 흐름을 타고 오른손은 채법으로 이끌고, 왼쪽 다리를 상대의 오른쪽 다리 외측에 붙여 오른쪽 팔꿈치 관절을 열법으로 제압한다.

4. 시선은 불변하고 신법은 왼쪽으로 돌려 가슴을 동남쪽으로 향한다. 오른쪽 다리는 움직이지 않으며, 왼쪽 다리는 신법에 따라 경을 가라앉히고 보법은 마보를 만든다. 왼손은 신법을 따라 순전하여 팔꿈치를 가라앉혀 호근으로 내리고 손바닥은 서남쪽을 향하고 중지는 위로 비스듬히 치켜세운다. 오른손은 순전하여 바깥쪽 위로 원을 그리며 서남쪽 호첨으로 펼친다. 손바닥은 동남쪽을 향하고 중지는 위로 비스듬히 치켜세운다.

작용: 좌제우안법(左擠右按法)

상대가 팔꿈치를 가라앉혀 무력화하면 상대의 흐름을 타고 몸을 왼쪽으로 돌려 왼손 제법으로 상대방 가슴 부위를 밀고 동시에 오른손으로 상대방 오른쪽 손목을 잡아 안법으로 공격한다. 동시에 왼쪽 다리는 상대방의 오른쪽 다리가 뒤로 빠지는 것을 막거나 열어 변화를 주어 상대가 평형을 잃도록 한다.

5. 시선은 불변하고 신법은 왼쪽으로 돌려 가슴을 동쪽으로 향한다. 왼쪽 다리는 발뒤꿈치를 축으로 발끝을 약간 밖으로 돌린다. 오른쪽 다리는 동시에 왼발 전방 우측에 어깨너비로 오른발을 내리고 마보를 만든다. 왼손은 신법을 따라 역전하여 비스듬히 아래쪽으로 원을 그리며 호근으로 모으고 손바닥은 동남쪽을 향하고 중지는 위로 비스듬히 치켜세운다. 오른손은 순전하여 원을 그리며 호근으로 모으고 팔꿈치가 늑골 부위에서 벗어나지 않게 하고 왼쪽 손목 아래로 합쳐 손바닥은 서북쪽을 향하며 중지는 위로 비스듬히 치켜세운다.

작용: 쌍수포전열법(雙手抱纏挒法)
상대가 팔꿈치를 가라앉혀 좌제우안법의 공격을 무력화하면 그 흐름을 타며 왼손으로 상대의 왼쪽 손목을 돌려 잡고 오른쪽 다리는 상대방의 양쪽 다리 사이 안쪽으로 들어가며 오른손이 상대방의 왼손을 포개어 잡고 열법으로 공격한다.

6. 시선은 불변하고 신법은 먼저 왼쪽으로 돌리고 다시 원위치로 돌려 가슴을 동쪽으로 향한다. 왼쪽 다리는 고관절의 경을 가라앉혀 견고하게 세운다. 오른쪽 다리는 신법에 따라 무릎을 들어 독립보를 만든다. 왼손은 신법을 왼쪽으로 돌릴 때 제자리에서 순전하여 손을 움켜쥐며 신법을 오른쪽으로 돌릴 때 늑골 아래로 가라앉히며 손을 펴고 손바닥은 위쪽을 향하며 중지는 오른쪽을 향한다. 오른손은 신법을 왼쪽으로 돌릴 때 손을 움켜쥐고 신법을 왼쪽으로 돌리는 것에 따라 아래턱 앞으로 들어 올리며 권심은 안쪽을 향한다.

작용: 쌍수포전슬타법(雙手抱纏膝打法)

상대가 팔꿈치를 가라앉혀 열법을 무력화하면 나는 오른쪽 다리를 들어 타법으로 상대방의 당부 혹은 아랫배를 가격한다.

7. 시선과 신법은 불변한다. 왼쪽 다리는 고관절의 경을 가라앉혀 다리를 견고하게 세우고 오른쪽 다리는 진각으로 내려 어깨너비의 마보를 만든다. 왼손은 불변하고 오른손은 진각과 동시에 왼쪽 장심 위로 내려치고 권심은 위쪽을 향한다.

작용: 우각타법(右脚跺法)

상대가 슬타법을 무력화하면 양손의 열나법에 전사를 가하며 오른발로 상대방의 발을 밟아 공격한다.

2. 란찰의(攔擦衣)

모두 5개의 분해 동작이다.

1. 시선은 동남쪽을 보고 신법은 왼쪽으로 돌려 가슴을 동북쪽으로 향한다. 신법을 좌측으로 돌리고 마보를 유지한다. 왼손은 원위치에서 뒤집고 손바닥은 비스듬히 지면을 향하며 중지는 위로 비스듬히 치켜세운다. 오른손은 팔꿈치가 옆구리를 벗어나지 않도록 주의하며 바깥쪽으로 손을 펴고 왼쪽 손목 위에 붙여 손바닥은 북쪽을 향하고 중지를 왼쪽 전방으로 비스듬히 치켜세운다.

작용: 붕화고붕법(掤化靠掤法)

만약 상대가 나의 오른쪽 전방에서 양손을 이용하여 안법으로 나의 우측을 공격하면 나는 오른손을 외측으로 돌려 상대의 힘을 무력화하며 신법과 배합하여 붕력(掤力)을 이용하여 오른쪽 팔꿈치와 어깨로 대응하여 공격한다. 왼손은 역전하여 오른손과 배합한다.

2. 시선은 불변하고 신법은 오른쪽으로 돌려 가슴을 동남쪽으로 향한다. 신법을 약간 우측으로 돌리고 측마보를 만든다. 왼손은 역전하여 바깥쪽 아래로 원을 그리며 호저로 펼친다. 중지는 오른쪽 전방 위쪽으로 치켜세우고 손바닥은 아래쪽을 향한다. 오른손은 역전하여 바깥쪽 위로 원을 그리고 호근을 지나 호정으로 펼친다. 손바닥은 동남쪽을 향하고 중지는 전방 위로 비스듬히 치켜세운다.

진식실용태극권법 2로

작용: 고주제붕법(靠肘擠掤法)

상대의 안법의 힘을 무력화하고 그 흐름에 따라 오른쪽 위로 펼치며 고법과 제법을 연결하여 공격한다. 왼손은 바깥쪽 아래로 안법으로 누르며 오른손과 배합한다.

3. 시선은 불변하고 신법은 왼쪽으로 돌려 가슴을 동쪽으로 향한다. 왼쪽 다리는 고관절의 경을 가라앉히고 오른쪽 다리는 남쪽으로 나아가 측마보를 만든다. 왼손은 바깥쪽으로 펼쳐 위로 원을 그리며 호근으로 모은다. 장심은 동남쪽을 향하고 중지는 위로 치켜세운다. 오른손은 바깥쪽 위로 원을 그리며 호근으로 모은다. 손바닥은 서북쪽을 향하며 중지는 오른쪽 전방 위로 비스듬히 치켜세운다. 이때 양손은 비스듬한 십자 형태를 이룬다.

작용: 진우보고주법(進右步靠肘法)

상대가 나의 고·주·제·붕법을 무력화하면 그 흐름에 따라 오른발이 앞으로 나아가 몸통 부위를 고·주법으로 공격한다. 왼손은 오른손과 배합하며 가슴을 보호한다.

4. 시선은 불변하고 신법은 오른쪽으로 돌려 가슴을 동남쪽으로 향한다. 오른쪽 다리는 고관절의 경을 가라앉히고 왼쪽 다리는 뒤꿈치를 축으로 발끝을 안쪽으로 당겨 왼쪽 고관절을 열어 측마보를 만든다. 오른손은 역전하여 바깥쪽 위로 원을 그리며 호첨으로 펼친다. 손바닥은 아래로 향하고 중지는 왼쪽 전방 위로 비스듬히 치켜세운다. 왼손은 오른손과 배합하여 오른쪽 전완 안쪽에 붙인다. 중지는 오른쪽 전방 위쪽으로 비스듬히 치켜세운다.

작용: 우고주제법(右靠肘擠法)

상대가 나의 우측에서 고·주법을 무력화하고 다시 좌제·우상채법으로 이끌어 공격하려 하면 그 흐름을 타고 오른쪽으로 신법을 돌려 우측 고·주·제·붕법으로 역공한다. 왼손은 오른팔을 보조하여 돕는다.

5. 시선은 불변하고 신법은 왼쪽으로 돌려 가슴을 동쪽으로 향한다. 왼쪽 다리는 고관절의 경을 가라앉히고 보형은 불변한다. 오른손은 바깥쪽으로 돌려 호첨으로 밀어낸다. 손바닥은 동남쪽을 향하고 중지는 오른쪽 전방 위로 비스듬히 치켜세운다. 왼손은 역전하여 팔꿈치를 왼쪽 늑골 부위로 당겨 붙이며 파형으로 만든다.

작용: 좌채우안법(左采右按法)

상대가 나의 우측 고·주·제법의 공격을 무력화하고 다시 왼손 제법으로 나의 복부를 공격하면 상대의 왼쪽 손목을 돌려 잡고 채법으로 당기며 오른손 안법으로 상대의 몸통 부위를 공격한다.

요점

시선은 상대를 주시하고 몸을 따라 움직이지 않는다.

제2동작 오른손이 나아갈 때 손이 이끌도록 하고 팔꿈치가 늑골 부위에서 떨어지는 것에 주의한다.

제3동작에서 양손을 모을 때 다리가 동시에 상응하여 나가야 한다.

제4동작 신법을 오른쪽으로 돌릴 때 발끝을 안쪽으로 돌린다.

제5동작 오른쪽 다리 고관절의 경은 계속 가라앉힌다.

3. 육봉사폐(六封四閉)

모두 5개의 분해 동작이다.

1. 시선은 동남쪽을 보고 신법은 왼쪽으로 돌려 가슴을 동북쪽으로 향한다. 왼쪽 다리는 고관절의 경을 가라앉히고 보형은 변함이 없다. 왼손은 제자리에서 순전하고 손바닥은 오른쪽 아래로 비스듬히 향하고 중지는 오른쪽 전방 아래로 비스듬히 향한다. 오른손은 순전하여 아래쪽으로 원을 그리며 호저를 지나 호근으로 모은다. 손바닥은 서북쪽을 향하고 중지는 오른쪽 전방 위로 비스듬히 치켜세운다.

작용: 좌채우랄붕열법(左采右捋掤挒法)

상대가 나의 오른쪽 전방에서 오른손으로 나의 오른쪽 손목을 안법으로 누르면 나는 상대방 손목을 계속 돌려 잡고 오른팔 전완으로 상대방의 팔꿈치 관절을 랄법으로 당기며 열법으로 공격한다. 만약 나의 오른팔이 상대방의 왼팔 아래에 있으면 나의 신법을 좌로 돌리며 들어오는 힘을 이용하여 오른쪽 팔뚝 부위가 상대방의 왼쪽 팔꿈치 관절을 점하고 왼팔의 구심력과 결합하여 좌채·우굉열법으로 상대방의 관절을 공격한다.

2. 시선은 불변하고 신법은 오른쪽으로 돌려 가슴을 동남쪽으로 향한다. 오른쪽 다리는 고관절의 경을 가라앉히고 왼쪽 다리는 뒤꿈치를 축으로 발끝을 안쪽으로 당겨 왼쪽 고관절을 열어 측마보를 만든다. 오른손은 역전하여 바깥쪽 위로 원을 그리며 호침으로 펼친다. 손바닥은 아래로 향하고 중지는 왼쪽 전방 위로 비스듬히 치켜세운다. 왼손은 오른손과 배합하여 오른쪽 전완 안쪽에 붙인다. 중지는 오른쪽 전방 위쪽으로 비스듬히 치켜세운다.

작용: 우고주제법(右靠肘擠法)

상대가 나의 우측에서 고·주법을 무력화하고 다시 좌제·우상채법으로 이끌어 공격하려 하면 그 흐름을 타고 오른쪽으로 신법을 돌려 우측 고·주·제·붕법으로 역공한다. 왼손은 오른팔을 보조하여 돕는다.

3. 시선은 불변하고 신법은 왼쪽으로 돌려 가슴을 동쪽으로 향한다. 왼쪽 다리는 신법에 따라 왼쪽 발뒤꿈치를 축으로 왼쪽 발끝을 외측으로 돌려 경을 가라앉혀 마보를 만든다. 오른손은 순전하여 아래로 원을 그리며 팔꿈치를 가라앉히며 늑골 부위로 당긴다. 손바닥은 동쪽을 향하며 중지는 오른쪽 전방 위로 비스듬히 치켜세운다. 왼손은 순전하여 배꼽 부위로 당기며 파형을 만든다.

작용: 좌채우랄붕법(左采右捋掤法)

상대가 고·주·제법의 공세를 무력화하고 왼손 제법으로 복부를 공격하면 왼손으로 상대의 왼쪽 손목을 배꼽 부위로 당기고 오른손은 동시에 상대방의 왼쪽 팔꿈치를 막아 랄법으로 이끌고 왼쪽 발끝을 바깥쪽으로 돌려 랄경에 힘을 더해 상대방의 왼쪽 팔꿈치 관절을 공격한다.

4. 시선은 불변하고 신법은 왼쪽으로 돌려 가슴을 동북쪽으로 향한다. 양쪽 다리는 경을 가라앉히고 보형은 불변한다. 왼손은 순전하여 장으로 변화시켜 호근으로 들어 올린다. 손바닥은 위를 향하고 중지는 오른쪽 전방 위로 비스듬히 치켜세운다. 오른손은 외측으로 돌려 원을 그리며 호저에서 동남쪽 호정으로 들어 올린다. 손바닥은 위로 향하고 중지는 동남쪽 위로 비스듬히 치켜세운다.

작용: 좌합우개열법(左合右開挒法)

상대가 좌채우랄붕법의 공세를 무력화하고 왼쪽 팔꿈치와 어깨 고법으로 상체를 공격하면 왼손의 동작을 더욱 견고하게 돌려 잡고 오른쪽 전완 부위와 배합하여 열법으로 공격한다.

5. 시선은 불변하고 신법은 오른쪽으로 돌려 가슴을 동남쪽으로 향한다. 오른쪽 다리는 경을 가라앉히고 왼쪽 다리는 오른쪽 다리 내측을 향해 반보 당겨 좌후허보를 만든다. 양손은 동시에 내측으로 돌리며 팔꿈치를 가라앉혀 동남쪽 호첨으로 밀어낸다. 손바닥은 모두 동남쪽을 향하고 중지는 위쪽을 향한다.

작용: 근보쌍안법(跟步雙按法)

상대가 열법을 무력화하고 다리가 앞으로 나오면 그 흐름을 타고 왼쪽 다리를 앞으로 당겨 양손으로 상대방 상체를 밀어낸다.

요점

제1동작, 제2동작 보법은 허실 나눔이 분명해야 한다.

제3동작, 제4동작에서 양손의 거리는 반팔 너비를 유지해야하고 회전할 때 항상 같은 간격을 유지한다.

제4동작에서는 왼손과 오른팔의 분력을 이용하여 열법과 나법의 공세를 하나로 완성한다.

제5동작의 오른발을 축으로 왼발을 근보로 당길 때 신체중정이 쏠리지 않도록 하여 전·후·좌·우·상·하의 붕경이 유지되도록 한다.

4. 단편(單鞭)

모두 5개의 분해 동작이다.

1. 시선은 불변하고 신법은 오른쪽으로 돌려 가슴을 남쪽으로 향한다. 오른쪽 다리는 고관절의 경을 가라앉히고 보형은 불변한다. 오른손은 순전하여 내측 아래로 원을 그리며 호근으로 당기고 손바닥은 위로 향하고 중지는 앞쪽으로 비스듬히 치켜세운다. 왼손은 신법을 따라 순전하여 호첨으로 이동하고 손바닥은 위로 향하며 중지는 왼쪽 앞쪽으로 비스듬히 치켜세운다.

작용: 우채좌안붕법(右采左按掤法)

만약 상대가 전나 후에 제법 혹은 안법으로 공격하면 나는 순세로 손을 내측으로 모으며 상대의 힘을 무력화하고 채법으로 당기며 안법으로 공격한다.

2. 시선은 신법을 따라 동북쪽을 보고 신법은 왼쪽으로 돌려 가슴을 동북쪽으로 향한다. 오른쪽 다리는 발뒤꿈치를 축으로 발끝을 안쪽으로 당긴다. 왼쪽 다리는 고관절에 경을 가라앉히고 발끝을 축으로 발뒤꿈치를 안쪽으로 당긴다. 오른손은 아래로 원을 그리며 호첨으로 펼치며 구수로 변화시키고 구(勾)의 끝은 아래로 향한다. 왼손은 역전하여 팔꿈치를 가라앉히고 신법을 따라 호근으로 당기고 손바닥은 남쪽을 향하며 중지는 오른쪽 전방 위쪽으로 비스듬히 치켜세운다.

작용: 좌채우붕열법(左采右掤挒法)

만약 상대가 나의 오른팔을 비틀어 잡으려 하면 왼손으로 상대방의 왼쪽 손목을 돌려 잡아 늑골 부위로 당기고 동시에 오른쪽 팔뚝 부위로 상대방의 왼쪽 팔꿈치 관절을 흔들어 튕겨낸다.

3. 시선은 불변하고 신법은 오른쪽으로 돌려 가슴을 동남쪽으로 향한다. 오른쪽 다리

는 고관절의 경을 가라앉혀 견고하게 세운다. 왼쪽 다리는 북쪽으로 나아가 측마보를 만든다. 오른손 구수는 그대로 유지하고 왼손은 신법을 따라 손바닥을 서남쪽으로 향하며 중지는 위로 비스듬히 치켜세운다.

작용: 진좌퇴고법(進左腿靠法)

만약 상대가 나의 왼쪽 전방에서 양손 안법으로 공격하면 나는 왼쪽 다리로 나아가 왼쪽 어깨와 팔꿈치로 상대의 공격을 무력화하며 상대방의 몸통 부위를 공격한다.

4. 시선은 불변하고 신법은 왼쪽으로 돌려 가슴을 동북쪽으로 향한다. 왼쪽 다리는 마보를 지나며 경을 가라앉힌다. 오른쪽 다리는 고관절을 열며 발뒤꿈치를 축으로 발끝을 안쪽으로 감고 측마보를 만든다. 왼손은 신법을 따라 역전하여 호첨으로 펼치고 손바닥은 좌측 전방 아래로 비스듬히 향하며 중지는 오른쪽 전방 위로 비스듬히 치켜세운다. 오른손은 역전하고 구수의 끝은 뒤쪽 아래로 비스듬히 향한다.

작용: 고주제법(靠肘擠法)

상대가 나의 고법을 무력화하면 그 흐름을 타고 신법을 왼쪽으로 돌려 왼쪽 어깨와 팔꿈치 그리고 손을 연환하여 몸통 부위를 공격한다.

5. 시선은 불변하고 신법은 오른쪽으로 돌려 가슴을 동쪽으로 향한다. 양쪽 다리는 신법을 따라 경을 가라앉히고 보형은 불변한다. 오른손 구수는 순전하여 구수의 끝은 아래를 향한다. 왼손은 순전하여 호첨으로 밀고 손바닥은 동북쪽을 향하고 중지는 위로 비스듬히 치켜세운다.

작용: 좌안법(左按法)
상대가 나의 왼쪽 공격을 무력화하면 그 흐름을 타고 오른쪽으로 신법을 돌려 왼손 안법으로 상대의 몸통 부위를 공격한다.

요점

제4동작 시 몸통이 기울거나 팔꿈치가 들려 상대의 힘과 부딪치지 않도록 주의한다.

5. 반란추(搬攔捶)

모두 3개의 분해 동작이다.

1. 시선은 북쪽을 보고 신법은 오른쪽으로 돌려 가슴을 동남쪽으로 향한다. 보법은 불변하고 오른쪽 고관절의 경을 가라앉히고 왼쪽 고관절을 열어 마보를 만든다. 왼손은 순전하여 원을 그리며 호저로 당기고 손바닥은 동쪽으로 향하며 중지는 위로 비스듬히 치켜세운다. 오른손은 원을 그리며 호저로 펼치고 손바닥은 아래를 향하며 중지는 동쪽으로 비스듬히 치켜세운다.

작용: 좌랄붕법(左捋掤法)
상대가 나의 안법 공격을 무력화하고 다시 나의 왼팔을 밀어 공격하면 나는 팔꿈치를 가라앉혀 상대방의 공격을 무력화시킨다.

2. 시선은 불변하고 신법은 왼쪽으로 돌려 가슴을 동북쪽으로 향한다. 양쪽 보법은 불변하고 몸을 왼쪽으로 돌려 측마보를 만든다. 왼손은 원위치에서 역전하여 팔꿈치와 손의 위치가 바뀌며 권을 쥐고 권심은 아래를 향한다. 오른손은 원위치에서 순전하여 팔꿈치와 손의 위치가 바뀌며 권을 쥐고 권심은 위로 향한다.

작용: 좌제붕법(左擠掤法)
상대가 팔꿈치를 가라앉혀 제법으로 공격하면 제붕법으로 역공한다.

3. 시선은 불변하고 신법은 오른쪽으로 돌려 가슴을 동쪽으로 향한다. 양쪽 다리는 고관절의 경을 가라앉혀 마보를 만든다. 왼쪽 권은 순전하여 북쪽 호정으로 펼치고 권심은 비스듬히 위쪽을 향한다. 오른쪽 권은 역전하여 원을 그리며 오른뺨 부위로 모으고 권심은 아래를 향한다.

작용: 우주좌탄두제법(右肘左彈抖擠法)

상대가 공격을 무력화하며 팔을 빼려 하면 그 흐름을 타고 왼쪽 전완과 권으로 상대의 가슴 혹은 얼굴 부위를 탄두로 공격한다. 오른쪽 팔꿈치를 발출하여 협조한다.

6. 원후헌과(猿猴獻果)

모두 1개의 분해 동작이다.

1. 시선은 북쪽을 보고 신법은 왼쪽으로 돌리고 다시 오른쪽으로 돌려 가슴을 동쪽으로 향한다. 오른쪽 다리는 고관절의 경을 가라앉혀 견고하게 세우고 왼쪽 다리는 당겨 마보를 만든다. 왼손은 역전하여 팔꿈치를 늑간으로 당기고 다시 순전하여 호근으로 원을 그리며 북쪽 호첨으로 펼치고 권심은 위로 향한다. 오른손은 역전하여 가슴 앞으로 당기고 왼손과 교차하며 남쪽 호저로 내려 권심은 아래를 향한다.

작용: 좌제충권좌퇴소법(左擠冲拳左腿掃法)

상대가 나의 왼손을 막고 왼발이 앞으로 나오며 안법으로 공격하면 나는 팔꿈치를 가라앉혀 무력화하며 상대방의 발이 들어오는 흐름을 타고 발을 끌어당기며 왼손 제법으로 상대방의 균형을 무너뜨린다. 또는 권으로 펼쳐 공격한다.

7. 호심권(護心拳)

모두 5개의 분해 동작이다.

1. 시선은 동북쪽을 보고 신법은 먼저 오른쪽으로 돌리고 다시 왼쪽으로 돌려 가슴을 서북쪽으로 향한다. 왼쪽 다리는 오른쪽으로 돌릴 때 서남쪽으로 작은 보폭으로 빠지며 고관절의 경을 가라앉힌다. 오른쪽 다리는 왼쪽으로 돌릴 때 동북쪽으로 나아가 측마보를 만든다. 왼쪽 권은 신법을 오른쪽으로 돌릴 때 순전하여 안쪽 위로 원을 그리며 호근으로 모으고 다시 왼쪽으로 돌릴 때 역전하여 바깥쪽 아래로 원을 그리며 서남쪽 호저로 펼치고 권심은 아래를 향한다. 오른쪽 권은 신법을 오른쪽으로 돌릴 때 역전하여 동남쪽 호첨으로 펼치고 다시 왼쪽으로 돌릴 때 동쪽 호정을 지나 호근으로 모으고 권심은 비스듬히 위쪽을 향한다.

작용: 조보좌채우주제법(調步左采右肘擠法)

상대가 왼쪽 손목을 비트는 방법으로 권의 공세를 무력화하면 상대의 흐름을 타고 왼손을 뒤집어 상대의 오른쪽 손목을 잡고 양쪽 다리의 보법과 배합하여 나의 좌측으로 당기고 동시에 오른쪽 전완 부위로 상대방의 팔꿈치 관절을 막아 누른다.

주
이 동작에서 퇴보로 몸을 돌리는 동작은 도약등공 동작을 사용할 수도 있고 또한 왼발이 먼저 뒤로 빠지며 오른발이 교차할 수도 있다.

2. 시선은 불변하고 신법은 오른쪽으로 돌려 가슴을 북쪽으로 향한다. 오른쪽 다리는 고관절 내측의 경을 가라앉히고 보형은 불변한다. 왼손은 순전하여 서북쪽 호첨으로 당기고 권심은 비스듬히 위쪽을 향한다. 오른손은 역전하여 바깥쪽 아래로 원을 그리며 동쪽 호저로 펼치고 권심은 아래쪽으로 향한다.

작용: 우견고주제법(右肩靠肘擠法)
상대가 나의 주제법을 무력화하면 그 흐름을 타고 신법을 오른쪽으로 돌려 오른쪽 어깨 팔꿈치와 손의 고·주·제법으로 상대의 가슴 또는 복부를 연환하여 공격한다.

3. 시선은 북쪽을 보고 신법은 계속 오른쪽으로 돌려 가슴을 북쪽으로 향한다. 양쪽 다리는 마보에서 측마보로 변환한다. 왼쪽 권은 신법을 따라 순전하여 서북쪽 호정으로 권을 밀어 펼치고 권심은 위쪽을 향한다. 오른쪽 권은 순전하여 동남쪽 호정으로 권을 밀어 펼치고 권심은 위쪽을 향한다.

작용: 좌인붕법(左引掤法)

만약 상대가 나의 전방에서 오른쪽 권으로 얼굴 부위를 공격하면 나는 즉시 왼팔 전완 부위로 상대방의 오른쪽 전완 부위를 오른쪽 옆으로 밀어 상대방 오른쪽 권의 공세를 한쪽으로 무력화시킨다.

4. 시선과 신법은 불변한다. 오른쪽 다리는 고관절을 내측으로 접고 보형은 불변한다. 왼쪽 권은 역전하여 당기고 권심은 아래를 향한다. 오른쪽 권은 순전하여 안쪽 위로 원을 그리며 오른뺨 부위로 감아 당기고 권심은 서북쪽으로 향한다.

작용: 좌채우인붕법(左采右引掤法)
상대가 섬나법으로 공격을 무력화하고 왼손으로 나의 왼쪽 손목을 감아 잡으면 그 흐름을 타고 안쪽으로 감아 상대의 왼손에 역공을 만든다. 오른손은 상대의 팔꿈치 뒤에 붙여 공격을 준비한다.

5. 시선은 불변하고 신법은 왼쪽으로 돌려 가슴을 서북쪽으로 향한다. 오른쪽 다리는 고관절 내측의 경을 열고 보형은 불변한다. 왼손은 순전하여 배꼽 부위로 모으고 권심은 안쪽을 향한다. 오른쪽 권은 순전하여 서북쪽 호첨으로 굴려 누르고 권심은 안쪽을 향한다.

작용: 좌인우주열법(左引右肘挒法)
상대가 공격을 무력화하고 안법으로 밀면 그 흐름을 타고 신법을 왼쪽으로 돌려

왼손으로 상대의 왼손을 배꼽 부위로 당기고 오른쪽 전완 부위로 상대방의 팔꿈치 관절을 막아 누르며 공격한다.

8. 연환포(連環炮)

모두 2개의 분해 동작이다.

1. 시선은 북쪽을 보고 신법은 오른쪽으로 돌려 가슴을 북쪽으로 향한다. 양쪽 다리 는 마보에서 측마보로 변환한다. 오른쪽 권은 순전하여 동쪽 호저로 내리고 권심 은 위로 향한다. 왼쪽 권은 순전하여 북쪽 호첨으로 펼치고 권심은 위쪽을 향한다.

작용: 우채좌제법(右采左擠法)

상대가 왼쪽 팔꿈치를 가라앉혀 나의 오른쪽 손목을 비틀어 공격하면 그 흐름을 타고 오른손으로 상대방 오른쪽 손목을 채법으로 당긴다. 왼쪽 권은 상대방의 팔 꿈치를 제법으로 공격하거나 또는 권으로 얼굴 혹은 목 부위를 공격한다.

2. 시선은 불변하고 신법은 왼쪽으로 돌려 가슴을 서북쪽으로 향한다. 왼쪽 다리는 고관절의 경을 가라앉히고 오른쪽 다리는 빠르게 당겨 마보를 만든다. 왼쪽 권은 역전하여 배꼽 부위로 당겨 파형으로 만들고 파심은 아래쪽을 향한다. 오른쪽 권 은 역전하여 장형으로 만들고 북쪽 호첨으로 펼치며 손바닥은 비스듬히 아래를 향 하고 중지는 위로 비스듬히 치켜세운다.

작용: 우제법우퇴소법(右擠法右腿掃法)

상대가 나의 제법을 무력화하고 왼손으로 밀어 공격하면 그 흐름을 타고 왼쪽 손목을 돌려 잡아 배꼽 부위로 당기고 오른손으로 복부를 공격하고 오른발은 동시에 상대의 앞쪽 발을 쓸어 당긴다.

9. 루슬요보(摟膝拗步)

모두 5개의 분해 동작이다.

1. 시선은 북쪽을 보고 신법은 불변한다. 왼쪽 다리는 고관절을 내측으로 접어 경을 가라앉힌다. 오른쪽 다리는 왼발 뒤로 당겨 정(丁) 자 형의 자세를 만든다. 양쪽 손은 역전하여 장형으로 만들고 오른손은 북쪽 호첨으로 밀어 펼치고 손바닥은 북쪽을 향한다. 왼손은 서남쪽 호첨으로 밀어 펼치고 손바닥은 서남쪽을 향한다. 양쪽 중지는 모두 비스듬히 위쪽을 향한다.

작용: 퇴보우인안법(退步右引按法)

상대가 복부를 당겨 공격을 무력화하면 나는 오른쪽 다리를 뒤로 당기고 상대의 오른손이 나의 오른쪽 손목을 잡도록 유인하여 안법으로 밀어낸다.

2. 시선은 불변하고 신법은 오른쪽으로 돌려 가슴을 동북쪽으로 향한다. 오른쪽 다리
는 발끝을 바깥쪽으로 돌려 경을 가라앉힌다. 왼쪽 다리는 서북쪽을 향해 한 발 나
아가 측마보를 만든다. 왼손은 순전하여 왼뺨 부위를 지나 호첨으로 손날을 내려
친다. 팔꿈치는 늑골 부위에 위치하고 손바닥은 동남쪽을 향하며 중지는 왼쪽 전
방으로 비스듬히 치켜세운다. 오른손은 역전하여 바깥쪽 아래로 원을 그리고 호저
로 펼쳐 손바닥은 아래로 향하며 중지는 좌측 전방으로 비스듬히 치켜세운다.

작용: 진좌보우랄열법(進左步右捋挒法)
상대가 나의 안법의 공세를 무력화하고 밀어 공격하면 상대방의 오른팔을 끌어당
기고 왼쪽 다리가 나아가 왼쪽 팔꿈치 부위로 랄법으로 이끌어 팔꿈치 관절을 공
격한다.

3. 시선은 불변하고 신법은 왼쪽으로 돌려 가슴을 서북쪽으로 향한다. 왼쪽 다리는
경을 가라앉히고 마보를 거쳐 측마보를 만든다. 왼손은 순전하여 아래로 원을 그
리며 무릎 아래를 지나며 구수로 잡고 호첨으로 펼치고 구수의 끝은 아래로 향한
다. 오른손은 호정을 향해 장으로 펼치고 다시 순전하여 오른뺨 부위를 지나 가슴
앞으로 당기고 손바닥은 서남쪽을 향하며 중지는 비스듬히 치켜세운다.

작용: 좌수주제붕법(左手肘擠掤法)

상대가 오른쪽 팔꿈치를 가라앉혀 열법의 공격을 무력화하고 오른쪽 고주법으로 연환하여 나의 가슴과 복부를 공격하면 제법으로 막고 상대의 오른팔 공격을 무력화시킨다.

4. 시선은 북쪽을 보고 신법은 오른쪽으로 돌려 가슴을 동북쪽으로 향한다. 양쪽 고관절의 경을 가라앉혀 보형은 불변한다. 오른손은 역전하여 원을 그리며 호첨으로 펼친다. 손바닥은 아래로 향하고 중지를 왼쪽 전방으로 비스듬히 치켜세운다. 왼손은 구수를 유지하고 원위치에서 역전한다.

작용: 좌우제법(左右擠法)

상대가 나의 공격을 무력화시키면 나는 왼팔의 제법을 더욱 강화시키며 오른팔을 수평으로 펼쳐 상대의 목 부위 또는 안면 부위를 제법으로 공격한다.

5. 시선은 불변하고 신법은 왼쪽으로 돌려 가슴을 북쪽으로 향한다. 양쪽 다리는 고관절의 경을 가라앉혀 견고하게 세우고 보형은 불변한다. 오른손은 순전하여 호첨으로 펼치고 손바닥은 북쪽을 향하며 중지는 오른쪽 전방으로 비스듬히 치켜세운

다. 왼손 구수는 순전하여 손끝은 아래로 향한다.

작용: 우안법(右按法)
상대가 나의 오른팔 공격을 무력화하면 오른손 안법으로 상대방 목 또는 가슴 부
위를 공격한다.

요점

2번 동작 시 양손의 음양의 공력이 상대적으로 상등하게 발휘하여 합일되어야 한다.

10. 우전신고(右轉身靠)

모두 1개의 동작이다.

1. 시선은 동남쪽을 보고 신법은 오른쪽으로 돌려 가슴을 동쪽으로 향한다. 양쪽 다
리는 신법을 따라 오른쪽 발끝을 바깥쪽으로 돌려 경을 가라앉히고 마보로 전환한
다. 왼손은 순전하여 장형으로 만들고 안쪽 아래로 원을 그리며 오른뺨 바깥쪽으
로 모으고 손등은 오른뺨 부위를 향한다. 오른손은 팔꿈치를 가라앉혀 순전하여
동남쪽 호첨으로 펼치고 손바닥은 위쪽으로 향하고 중지는 위로 비스듬히 치켜세
운다.

작용: 우붕고법(右掤靠法)

만약 상대가 나의 오른쪽 후방에서 오른쪽 권으로 공격하면 오른쪽으로 신법을 돌려 오른쪽 전완 부위로 상대방의 오른쪽 전완 혹은 팔꿈치 부위를 옆으로 밀어 무력화시킨다. 동시에 오른쪽 어깨로 상대방의 몸통 부위를 공격하고 왼손은 당겨 얼굴을 방어한다.

11. 경란직입(徑攔直入)

모두 1개의 동작이다.

1. 시선은 동남쪽을 보고 신법은 오른쪽으로 돌려 가슴을 남쪽으로 향한다. 오른쪽 다리는 먼저 발뒤꿈치를 축으로 발끝을 바깥쪽으로 돌려 헐보를 거쳐 고관절의 경을 가라앉혀 견고하게 세운다. 왼쪽 다리는 동남쪽으로 나아가 마보를 만든다. 왼손은 역전하여 동남쪽 호첨으로 펼치고 손바닥은 동남쪽을 향하고 중지는 위로 비스듬히 치켜세운다. 오른손은 역전하여 바깥쪽 위로 원을 그리며 서남쪽 호정으로 펼치고 손바닥은 서남쪽을 향하며 중지는 위로 비스듬히 치켜세운다.

작용: 진보우채좌안굉붕법(進步右采左按肱掤法)

상대가 오른쪽 팔꿈치를 가라앉혀 제법으로 공격을 무력화하면 나는 오른손으로 상대방의 오른쪽 손목을 돌려 잡으며 왼쪽 다리가 나아가 채법으로 당기고 왼쪽 팔뚝은 상대방 오른쪽 팔꿈치 관절에 붙이고 안장으로 밀어 공격한다.

12. 풍소매화(風掃梅花)

모두 1개의 동작이다.

1. 시선은 먼저 남쪽을 보고 신법은 오른쪽으로 돌려 가슴을 서쪽으로 향한다. 다시 신법을 오른쪽으로 180도 돌려 시선과 가슴을 동쪽으로 향한다. 왼쪽 다리는 발뒤꿈치를 축으로 발끝을 안쪽으로 당겨 경을 가라앉히고 내팔 자(八) 형태의 마보를 만들고 다시 신법을 따라 오른쪽 다리는 발끝을 지면에 붙여 동남쪽으로 후소법으로 쓸어 당기고 왼쪽 다리는 신법을 따라 발뒤꿈치를 축으로 발끝을 감아 돌려 전허보로 만든다. 왼손은 동남쪽 호저로 누르고 손바닥은 아래쪽을 향하고 중지는 위로 비스듬히 치켜세우고 다시 오른쪽으로 돌려 동북쪽 호저로 돌린다. 오른손은 먼저 오른쪽으로 돌릴 때 서북쪽 호정으로 펼치고 다시 오른쪽으로 돌려 동남쪽 호정으로 돌리고 손바닥은 동남쪽을 향하고 중지는 위로 비스듬히 치켜세운다.

작용: 우채좌굉열법우퇴소법(右采左肱挒法右腿掃法)

상대가 복부를 빠르게 당기는 방법으로 나의 공격을 무력화하면 나는 즉시 몸을 오른쪽으로 돌려 계속 상대의 오른쪽 손목을 오른쪽으로 당기고 왼쪽 팔뚝 부위로 상대의 오른쪽 팔꿈치 관절을 흔들어 튕겨낸다. 만약 왼쪽 팔뚝의 공격에 중심을 잃으면 즉시 오른쪽 다리로 상대의 다리를 쓸어 당겨 넘어뜨린다.

13. 금강도대(金剛搗碓)

모두 2개의 동작이다.

1. 시선은 동쪽을 보고 신법은 먼저 오른쪽으로 돌리고 다시 왼쪽으로 돌려 가슴을 동쪽으로 향한다. 양쪽 다리는 신법을 따라 오른쪽으로 돌릴 때 오른쪽 무릎을 높게 들고 왼쪽 다리로 지면을 밀어 뛰어오른다. 왼손은 신법을 따라 오른쪽으로 돌릴 때 역전하여 바깥쪽 아래에서 위로 원을 그리며 호정을 지나 호근으로 모으고 다시 위로 뛰어오를 때 배꼽 부위로 가라앉혀 손바닥은 위쪽을 향하고 중지는 오른쪽을 향한다. 오른손은 신법을 따라 오른쪽으로 돌릴 때 역전하여 바깥쪽 위에서 아래로 원을 그리며 호저를 지나 호근으로 모으고 다시 위로 뛰어오를 때 권을 쥐고 순전하여 턱 앞으로 들어올리고 권심은 안쪽을 향한다.

작용: 우주열법우슬타법(右肘挒法右膝打法)
만약 상대가 나의 전방에서 왼손으로 나의 오른쪽 허리 쪽 혹은 옷을 잡고 솔(捋)법으로 공격하면 나는 오른팔로 상대방의 왼쪽 팔꿈치 관절을 걸어 당기고 위쪽으로 뛰어올라 흔들어 떨치고 동시에 오른쪽 무릎으로 상대방의 당부(襠部)를 공격한다.

2. 시선과 신법은 불변한다. 양쪽 다리는 지면에 내릴 때 왼쪽에서 오른쪽 순서대로 자연스럽게 고관절의 경을 가라앉혀 진각으로 밟아 마보를 만든다. 왼손은 움직이지 않고 오른손은 진각과 동시에 왼쪽 장심 위로 내려치고 권심은 위쪽을 향한다.

작용: 우각타법(右脚跺法)

만약 상대가 슬타법을 무력화할 경우 양손의 열나법에 전사를 가하며 오른쪽 다리로 상대방의 발을 밟아 공격한다.

14. 십자수(十字手)

모두 2개의 분해 동작이다.

1. 시선은 동남쪽을 보고 신법은 오른쪽으로 돌려 가슴을 동남쪽으로 향한다. 양쪽 다리는 경을 가라앉히고 오른쪽 고관절을 안쪽으로 접어 보법은 불변한다. 왼손은 역전하여 바깥쪽 아래로 원을 그리고 호첨으로 펼치고 손바닥은 아래를 향하고 중지는 동남쪽으로 비스듬히 치켜세운다. 오른손은 역전하여 장으로 만들고 바깥쪽 아래로 원을 그리며 호저로 펼치고 손바닥은 아래를 향하고 중지는 동쪽으로 비스듬히 치켜세운다.

작용: 우하제붕법(右下擠掤法)

상대가 발을 빼고 공격을 무력화하고 양손으로 나의 양손을 눌러 막아 공격하면 그 흐름을 따라 오른쪽으로 신법을 돌려 오른손 제법으로 공격한다.

2. 시선은 불변하고 신법은 왼쪽으로 돌리고 가슴을 동쪽으로 향한다. 왼쪽 다리는 고관절의 경을 가라앉히고 오른쪽 다리는 남쪽으로 나아가 측마보를 지나 마보를 만든다. 오른손은 역전하여 바깥쪽 위로 원을 그리고 순전하여 호근으로 모은다. 왼손은 역전하여 위로 원을 그리고 순전하며 호근으로 모은다. 양손은 오른쪽 손목이 왼쪽 손목에 누르고 비스듬한 십자 형태를 이룬다. 왼손 손바닥은 남쪽을 향하고 오른손 손바닥은 북쪽을 향한다. 중지는 비스듬한 십자 형태로 치켜세운다.

작용: 우진보고붕법(右進步靠掤法)

상대가 제법 공격을 무력화하여 막아 누르면 그 흐름을 따라 오른쪽 다리가 나아가 고법과 주법으로 상대의 가슴과 복부를 공격한다.

15. 비신추(庇身捶)

모두 4개의 분해 동작이다.

1. 시선은 동남쪽을 보고 신법은 왼쪽으로 돌려 가슴을 동북쪽으로 향한다. 왼쪽 다리는 고관절의 경을 가라앉혀 내측으로 접고 보형은 불변한다. 왼손은 신법을 따라 역전하여 주먹을 쥐고 바깥쪽 아래로 원을 그리고 호저로 펼치고 권심은 아래로 향한다. 오른손은 순전하여 권을 쥐고 호근에서 자전하고 권심은 서남쪽을 향한다.

작용: 우견고법(右肩靠法)

상대가 고법을 무력화하고 밀어 공격해 오면 왼쪽으로 신법을 돌려 오른쪽 어깨의 고법을 깊게 들어가고 상대의 가슴과 복부 부위를 공격하며 오른쪽 손목을 자전으로 돌려 공격이 조화롭게 이루어지도록 만든다.

2. 시선은 불변하고 신법은 오른쪽으로 돌려 가슴을 동남쪽으로 향한다. 양쪽 다리는 마보를 거쳐 측마보를 만든다. 왼쪽 권은 역전하여 바깥쪽 아래로 원을 그리며 호정으로 펼치고 권심은 위로 향한다. 오른쪽 권은 역전하여 바깥쪽 아래로 원을 그리며 호저로 펼치고 권심은 아래로 향한다.

작용: 우권하제격법(右拳下擠擊法)

상대가 몸을 오른쪽으로 빠르게 돌려 고붕법을 무력화하면 그 흐름을 타고 오른쪽 권의 바깥쪽 부분으로 상대의 당부를 공격한다.

3. 시선은 불변하고 신법은 왼쪽으로 돌리고 가슴을 동북쪽으로 향한다. 양쪽 다리는 마보를 거쳐 측마보를 만든다. 왼쪽 권은 순전하여 원을 그리며 호근을 지나 다시 역전하며 왼쪽 허리 부위로 당겨 붙인다. 오른쪽 권은 역전하여 바깥쪽으로 펼치

고 다시 위로 원을 그리며 순전하여 호정으로 당기고 권심은 서쪽을 향한다.

작용: 좌채우랄열법(左采右捋挒法)

상대가 왼손으로 나의 오른팔을 밀면 그 흐름을 타고 왼손으로 상대방의 왼쪽 손목을 돌려 잡고 오른팔로 상대방의 왼팔을 받쳐 올려 공격한다.

4. 시선은 동북쪽을 보고 신법은 오른쪽으로 돌려 가슴을 동쪽으로 향한다. 오른쪽 다리는 고관절의 경을 가라앉혀 견고하게 세우고 왼쪽 다리는 신법을 따라 고관절을 열어 펼치고 측마보를 만든다. 왼손은 허리 부분에 차고 팔꿈치를 앞쪽 아래로 당기고 오른쪽 권은 역전하여 팔꿈치를 원위치에서 자전하고 권심은 동쪽을 향한다.

작용: 우상제법(右上擠法)

만약 상대가 왼쪽 팔꿈치를 가라앉혀 채법을 무력화하고 고주제법으로 나의 가슴과 복부를 연환하여 공격하면 그 흐름을 타고 신법을 오른쪽으로 돌려 왼손의 돌려 잡은 각도를 더 크게 하여 몸통의 지렛대 작용으로 오른쪽 제법으로 공격한다 (또한 반대쪽에서 나의 허리를 껴안아 밀면, 신법을 오른쪽으로 돌려 무력화한다).

16. 별신추(撇身捶)

모두 2개의 분해 동작이다.

1. 시선은 북쪽을 보고 신법은 왼쪽으로 돌려 가슴을 동북쪽으로 향한다. 보법은 불변하고 왼쪽 고관절의 경을 가라앉혀 견고하게 유지한다. 왼손은 역전하여 배꼽 아래로 당기고 오른손은 역전하여 왼쪽 권 위쪽으로 모은다.

작용: 좌붕좌고법((左掤左靠法)
상대가 나의 왼팔을 밀어 공격하면 아래로 무력화하고 왼쪽 고법으로 대응하여 공격한다.

2. 시선은 북쪽을 보고 신법은 오른쪽으로 돌려 가슴을 동쪽으로 향한다. 양쪽 발의 보법은 불변하고 신법을 오른쪽으로 돌려 마보를 만든다. 왼손은 순전하여 왼쪽 무릎 쪽으로 펼치고 권심은 위로 향한다. 오른손은 남쪽 호정으로 펼치고 권심은 위쪽을 향한다.

작용: 좌권하제법(左拳下擠法)

상대가 팔꿈치를 가라앉혀 공격을 무력화하고 뒤쪽 발이 앞으로 나오며 균형을 유지하려 하면 나는 상대의 흐름을 타고 왼쪽 권으로 상대의 고관절 부위를 제법으로 눌러 상대의 균형을 무너지게 한다.

17. 참수(斬手)

모두 2개의 분해 동작이다.

1. 시선은 북쪽을 보고 신법은 왼쪽으로 돌려 가슴을 북쪽으로 향한다. 왼쪽 다리는 신법을 따라 발뒤꿈치를 축으로 발끝을 바깥쪽으로 돌린다. 오른쪽 다리는 동시에 발끝을 축으로 뒤꿈치를 돌려 헐보를 만든다. 왼손은 역전하여 장(掌)형으로 만들고 안쪽 위로 원을 그리며 호근으로 모으고 손바닥은 동북쪽을 향하고 중지는 위로 비스듬히 치켜세운다. 오른쪽 권은 순전하여 오른뺨 부위로 원을 그리며 당기고 권심은 북쪽을 향한다.

작용: 좌수채붕법(左手采挪法)

상대가 복부를 당겨 공격을 무력화하고 왼손으로 나의 왼쪽 전완을 막아 내 왼쪽 권의 공세를 무력화하면 나는 상대의 흐름을 타고 신법을 왼쪽으로 돌리고 왼손으로 상대의 왼쪽 손목을 돌려 잡고 오른손은 상대의 팔꿈치 관절에 붙이며 힘을 모은다.

2. 시선은 서북쪽 아래로 비스듬히 보고 신법은 계속 왼쪽으로 돌려 가슴을 서쪽으로

향한다. 왼쪽 다리는 고관절의 경을 가라앉히고 오른쪽 다리는 무릎을 들어 왼쪽 다리 우측으로 진각을 밟으며 마보를 만든다. 왼손은 순전하여 배꼽 부위로 내리며 파형으로 만들어 파심은 아래쪽을 향한다. 오른쪽 권은 순전하여 오른발 진각에 따라 오른쪽 전완에 역점을 두고 북쪽 호저로 내리치고 권심은 위쪽을 향한다.

작용: 진퇴좌채우열법(進腿左采右捌法)

앞 동작에 이어 나는 상대의 손목을 돌려 잡아 채법으로 당기고 오른발을 진각으로 내릴 때 오른쪽 전완으로 상대의 왼쪽 팔꿈치 관절을 큰 힘으로 내려친다.

주

이 동작에서 오른쪽 전완은 마치 대도의 칼날과 같은 모양으로 오른쪽 진각을 내릴 때 전신의 합일로 오른쪽 전완을 내리친다.

18. 번화무수(翻花舞袖)

모두 2개의 분해 동작이다.

1. 시선은 도약 후에 동북쪽을 보고 신법은 왼쪽으로 돌리고 가슴을 서북쪽으로 향한다. 오른쪽 다리 진각의 반탄력으로 위로 뛰어 신법을 돌린다. 왼손은 신법을 따라 파형을 유지하고 머리 위쪽을 지나 크게 원을 그리고 다시 가슴 부위로 당긴다. 오른쪽 권은 왼손과 배합하고 머리 위쪽 원을 그리며 호정으로 치고 권안(拳眼)은 서북쪽을 향한다.

작용: 좌채우주도전신배솔법(左采右肘挑轉身背摔法)

상대가 왼쪽 팔꿈치를 가라앉혀 나의 공격을 무력화하면 상대의 흐름을 타고 왼쪽 손목을 돌려 잡고 위쪽으로 채법으로 당기고 동시에 오른쪽 팔뚝으로 상대의 왼쪽 팔꿈치 관절을 위쪽으로 들어올려 상대의 발이 들리도록 공격한다.

2. 시선은 불변하고 신법은 먼저 왼쪽으로 돌려 가슴을 북쪽으로 향한다. 양쪽 다리는 먼저 왼발을 내리고 다시 오른쪽 순으로 지면에 내리며 마보를 만든다. 왼손은 신법을 따라 왼쪽으로 돌릴 때 순전하여 배꼽 부위로 당기고 파심(把心)은 아래로 향한다. 오른손은 순전하여 동북쪽 호첨으로 권을 내리고 권심(拳心)은 서북쪽을 향한다.

작용: 좌채우주열법(左采右肘挒法)

진각으로 내리는 힘을 빌어 왼손은 상대의 왼쪽 손목을 돌려 잡고 오른쪽 전완으로 상대의 왼팔을 열법으로 공격한다.

19. 엄수굉추(掩手肱捶)

모두 3개의 분해 동작이다.

1. 시선은 동북쪽을 보고 신법은 불변하고 가슴을 동북쪽으로 향한다. 양쪽 다리는 고관절의 경을 가라앉히고 마보를 유지한다. 양손은 역전하여 내려 누르고 왼손은 오른쪽 손목 위에 겹쳐 배꼽과 가까이 붙이며 중지는 서로 교차하여 비스듬히 치켜세운다.

작용: 포전열법(抱纏挒法)

상대가 오른손을 빼고 다시 오른쪽 손목을 잡아 돌리면 그 흐름을 타고 왼손으로 오른손이 빠져나가는 것을 차단하며 팔꿈치를 가라앉혀 손목을 치켜세우고 상대의 오른쪽 손목을 돌려 잡아 상체의 지렛대 힘을 빌어 왼손은 뒤로 감아 안고 오른 손은 앞으로 감아 안아 서로 간의 음양으로 조화롭게 교차 형태의 매듭식 열법으로 공격한다.

2. 시선은 불변하고 신법은 오른쪽으로 돌려 가슴을 동쪽으로 향한다. 오른쪽 다리는 고관절의 경을 가라앉히고 양쪽 다리의 보형은 불변한다. 왼손은 역전하여 아래로 원을 그리며 동북쪽 호첨으로 펼치고 손바닥은 위로 향하고 중지는 동북쪽을 비스 듬히 치켜세운다. 오른손은 역전하여 아래로 원을 그리며 호근으로 들어 올리고 손바닥은 서북쪽을 향하고 중지는 비스듬히 치켜세운다.

작용: 좌제우인붕법(左擠右引掤法)

상대가 팔꿈치를 가라앉혀 포전열법을 무력화하여 오른쪽 제법으로 아랫배를 공격하면 그 흐름을 타고 신법을 오른쪽으로 돌려 오른손은 상대의 힘을 붕법으로 이끌어 돌려 잡고 왼팔로 상대의 오른쪽 팔꿈치를 제법으로 밀어 상대의 공격을 무력화한다.

3. 시선은 불변하고 신법은 왼쪽으로 돌려 가슴을 북쪽으로 향한다. 양쪽 다리는 마보를 거쳐 측마보를 만든다. 왼손은 역전하여 배꼽 부위로 당겨 모으고 파형을 만들며 파심은 아래를 향한다. 오른손은 주먹을 쥐어 동북쪽 호첨으로 역전하여 권을 치고 권심은 아래를 향한다.

작용: 좌채우굉탄두열법(左采右肱彈抖挒法)

상대가 팔꿈치를 가라앉혀 공격을 무력화하고 왼손으로 나의 왼쪽 손목을 돌려 잡으면 그 흐름을 타고 왼손을 뒤집으며 상대의 손목을 돌려 잡고 배꼽 부위로 채법으로 당기며 오른쪽 권은 상대의 복부 혹은 늑골 부위를 공격한다. 상대가 왼쪽 팔꿈치를 가라앉혀 나의 오른쪽 팔꿈치를 막아 권의 공격을 무력화하면 권에 큰 힘을 가해 안쪽으로 자전시켜 이두근 부위에 탄두경을 만들고 상대의 왼쪽 팔꿈치 관절을 공격한다.

요점

제2번 동작의 오른손은 들어올렸을 시 손바닥, 발출 시 주먹을 쥐며 쳐낸다.

제3번 동작의 왼손은 신법을 왼쪽으로 돌릴 때 구심력(음)을 빌어 잡아채고 오른쪽 권은 신법을 왼쪽으로 돌릴 때 원심력(양)을 빌어 공격한다. 좌파, 우권과 양쪽 다리의 지탱하는 공력은 서로 음양, 상대, 상등의 합일이며 또한 발출하는 것은 태극권 동작과 공력이 서로 연결되는 것이다.

20. 비보요란주(飛步拗攔肘)

이 식은 모두 3개의 분해 동작이다.

1. 시선은 북쪽을 보고 신법은 왼쪽으로 돌려 가슴을 서북쪽으로 향한다. 오른쪽 다리는 북쪽으로 뛰어 나아가고 바로 왼쪽 다리를 당겨 후허보를 만든다. 오른쪽 권은 역전하여 장형으로 만들고 뛰어오를때 북쪽 호첨으로 탄두경으로 치고 손바닥은 동쪽을 향하고 중지는 북쪽으로 비스듬히 치켜세운다. 왼쪽 파형은 역전하여 장형으로 만들고 남쪽 호저로 탄두경으로 치고 손바닥은 동쪽을 향하고 중지는 남쪽으로 비스듬히 치켜세운다.

작용: 도보우주붕법(跳步右肘掤法)

상대가 팔꿈치를 가라앉혀 공격을 무력화하고 나의 오른팔을 끌어당기면 나는 상대의 흐름을 타고 오른손으로 상대의 오른쪽 손목을 돌려 잡고 뛰어 오른쪽 팔꿈치 부위로 상대의 안면 부위를 탄두경으로 공격한다.

2. 시선은 남쪽을 보고 신법은 왼쪽으로 돌려 가슴을 서남쪽으로 향한다. 양쪽 다리는 고관절의 경을 가라앉혀 전허보를 만든다. 오른손은 순전하여 권을 만들고 팔꿈치를 가라앉혀 배꼽 부위로 모으고 권심은 위로 향한다. 왼손은 순전하여 팔꿈치를 가라앉히고 늑골에 붙이고 권심은 위로 향한다.

작용: 좌랄붕법(左捋掤法)
만약 상대가 왼쪽에서 나의 오른쪽 손목을 잡고 비틀면 상대의 흐름을 타고 팔꿈치를 가라앉히고 상대의 손목을 돌려 잡아 왼쪽 전완으로 상대의 팔뚝을 눌러 당긴다.

3. 시선은 남쪽을 보고 신법은 왼쪽으로 돌려 가슴을 동남쪽으로 향한다. 왼쪽 다리는 동북쪽으로 퇴보로 빠져 고관절의 경을 가라앉히고 오른쪽 다리는 발뒤꿈치를 축으로 발끝을 안쪽으로 당겨 마보를 만든다. 왼손은 순전하여 팔꿈치를 가라앉히고 오른쪽 손목을 잡는다. 오른손은 순전하여 팔꿈치를 가라앉혀 배꼽 부위로 모으고 권심은 아래를 향한다.

작용: 퇴보요란주굉열법(退步拗攔肘肱挒法)
상대가 가슴을 웅크리고 복부를 빠르게 당겨 나의 공격을 무력화하고 왼손으로 나의 오른쪽 손목을 돌려 잡고 밀어 공격하면 그 흐름을 타고 왼쪽으로 신법을 돌

리고 왼쪽 다리를 퇴보로 당겨 왼손으로 상대의 왼손 손가락을 막아 돌려 잡고 상대가 빠져나가지 못하도록 하여 신법을 왼쪽으로 돌려 원심력을 이용하여 상대의 왼팔을 곧게 펴도록 만들고 동시에 신법을 왼쪽으로 돌릴 때에 이심력을 이용하여 오른쪽 팔꿈치와 오른쪽 팔뚝으로 상대의 왼쪽 팔꿈치 관절을 탄두경으로 공격한다.

21. 대홍권(大紅拳)

모두 6개의 분해 동작이다.

1. 시선은 남쪽을 보고 신법은 왼쪽으로 돌려 가슴은 동쪽을 본다. 왼쪽 다리는 고관절의 경을 가라앉히고 오른쪽 다리는 북쪽으로 끌어당겨 마보를 만든다. 왼손은 역전시켜 장형으로 만들고 바깥쪽 위로 원을 그리며 동북쪽 호정으로 펼치고 손바닥은 동북쪽을 향하고 중지는 위로 비스듬히 치켜세운다. 오른쪽 권은 순전하여 장형으로 만들고 안쪽 아래로 원을 그리며 호근으로 모으고 손바닥은 동북쪽을 향하고 중지는 위로 비스듬히 치켜세운다.

작용: 우채우굉열법우퇴소법(左采右肱挒法右腿掃法)
상대가 한 발 나아가 제법으로 나의 오른쪽 복부를 공격하면 그 흐름을 타고 상대의 나오는 발을 소법으로 끌어당기고 왼손은 동시에 왼쪽 손목을 돌려 잡고 위쪽으로 당기고 오른쪽 전완과 팔뚝 부위로 상대의 왼쪽 팔꿈치 관절을 탄두경으로 공격한다.

2. 시선은 불변하고 신법은 먼저 왼쪽으로 돌리고 다시 오른쪽으로 돌려 가슴을 동남쪽으로 향한다. 오른쪽 다리는 왼쪽으로 돌릴 때 남쪽으로 나아가 측마보를 만들고 다시 신법을 오른쪽으로 돌릴 때 고관절의 경을 가라앉혀 마보를 지나 왼쪽 다리를 당겨 후허보를 만든다. 오른손은 왼쪽으로 돌릴 때 호근에서 자전하고 오른쪽으로 돌릴 때 바깥쪽 위로 원을 그리며 남쪽 호정으로 펼치고 손바닥을 동남쪽으로 향하고 중지는 위로 비스듬히 치켜세운다. 왼손은 신법을 왼쪽으로 돌릴 때 역전하여 바깥쪽 위로 원을 그리고 북쪽 호첨을 지나 다시 신법을 오른쪽으로 돌릴 때 안쪽 아래로 원을 그리며 호저로 모으고 손바닥은 동남쪽을 향하고 중지는 위로 비스듬히 치켜세운다.

작용: 진보우측고주제붕법(進步右側靠肘擠掤法)
상대가 팔꿈치를 가라앉혀 공격을 무력화하면 상대의 흐름을 타고 오른쪽 다리가 나아가 오른쪽 어깨와 팔꿈치로 연환하여 공격한다.

3. 시선은 불변하고 신법은 먼저 오른쪽으로 돌리고 다시 왼쪽으로 돌려 가슴을 동쪽으로 향한다. 양쪽 다리는 오른쪽으로 돌릴 때 왼쪽 발끝이 먼저 북쪽으로 빠지고 다시 신법을 왼쪽으로 돌릴 때 왼쪽 고관절의 경을 가라앉혀 마보를 지나 오른발을 당겨 전허보를 만든다. 오른손은 오른쪽으로 돌릴 때 역전하여 바깥쪽 위로 원을 그리며 호첨을 지나고 다시 신법을 왼쪽으로 돌릴 때 안쪽 아래로 원을 그리며 호저로 당겨 손바닥은 동북쪽을 향하고 중지는 위로 비스듬히 치켜세운다. 왼손은 신법을 왼쪽으로 돌릴 때 순전하여 호근으로 모으고 다시 왼쪽으로 돌릴 때 동북쪽 호정으로 펼쳐 손바닥은 동북쪽을 향하고 중지는 위로 비스듬히 치켜세운다.

작용: 퇴보우랄붕법(退步右捋掤法)

상대가 뒤로 빠지며 공격을 무력화하며 다시 밀어 공격해 오면 그 흐름을 타고 왼쪽 다리가 뒤로 빠지고 오른쪽 다리를 당기며 오른쪽 전완으로 상대의 안법을 이끌어 상대의 공격을 한쪽으로 무력화시킨다.

4. 시선은 불변하고 신법은 먼저 왼쪽으로 돌리고 다시 오른쪽으로 돌려 가슴을 동남쪽으로 향한다. 오른쪽 다리는 왼쪽으로 돌릴 때 남쪽으로 나아가 측마보를 만들고 다시 신법을 오른쪽으로 돌릴 때 고관절의 경을 가라앉혀 마보를 지나 왼쪽 다리를 당겨 후허보를 만든다. 오른손은 왼쪽으로 돌릴 때 호근에서 자전하고 오른쪽으로 돌릴 때 바깥쪽 위로 원을 그리며 남쪽 호정으로 펼치고 손바닥을 동남쪽으로 향하고 중지는 위로 비스듬히 치켜세운다. 왼손은 신법을 왼쪽으로 돌릴 때 역전하여 바깥쪽 위로 원을 그리고 북쪽 호첨을 지나 다시 신법을 오른쪽으로 돌릴 때 안쪽 아래로 원을 그리며 호저로 모으고 손바닥은 동남쪽을 향하고 중지는 위로 비스듬히 치켜세운다.

작용: 진보우측고주제붕법(進步右側靠肘擠掤法)

상대가 팔꿈치를 가라앉혀 공격을 무력화하면 상대의 흐름을 타고 오른쪽 다리가 나아가 오른쪽 어깨와 팔꿈치로 연환하여 공격한다.

5. 시선은 불변하고 신법은 먼저 오른쪽으로 돌리고 다시 왼쪽으로 돌려 가슴을 동쪽으로 향한다. 보법은 먼저 신법을 오른쪽으로 돌릴 때 왼쪽 발끝이 북쪽으로 빠지고 다시 신법을 왼쪽으로 돌릴 때 왼쪽 고관절의 경을 가라앉혀 마보를 지나 오른발을 당겨 전허보를 만든다. 오른손은 오른쪽으로 돌릴 때 역전하여 바깥쪽 위로 원을 그리며 호첨을 지나고 다시 신법을 왼쪽으로 돌릴 때 안쪽 아래로 원을 그리며 호저로 당겨 손바닥은 동북쪽을 향하고 중지는 위로 비스듬히 치켜세운다. 왼손은 신법을 왼쪽으로 돌릴 때 순전하여 호근으로 모으고 다시 왼쪽으로 돌릴 때 동북쪽 호정으로 펼쳐 손바닥은 동북쪽을 향하고 중지는 위로 비스듬히 치켜세운다.

작용: 퇴보우랄붕법(退步右捋掤法)
상대가 뒤로 빠지며 공격을 무력화하며 다시 밀어 공격해 오면 그 흐름을 타고 왼쪽 다리가 뒤로 빠지고 오른쪽 다리를 당기며 오른쪽 전완으로 상대의 안법을 이끌어 상대의 공격을 한쪽으로 무력화시킨다.

6. 시선은 불변하고 신법은 먼저 왼쪽으로 돌리고 다시 오른쪽으로 돌려 가슴을 동남쪽으로 향한다. 오른쪽 다리는 왼쪽으로 돌릴 때 남쪽으로 나아가 측마보를 만들고 다시 신법을 오른쪽으로 돌릴 때 고관절의 경을 가라앉혀 마보를 지나 왼쪽 다리를 당겨 후허보를 만든다. 오른손은 왼쪽으로 돌릴 때 호근에서 자전하고 오른쪽으로 돌릴 때 바깥쪽 위로 원을 그리며 남쪽 호정으로 펼치고 손바닥을 동남쪽을 향하고 중지는 위로 비스듬히 치켜세운다. 왼손은 신법을 왼쪽으로 돌릴 때 역전하여 바깥쪽 위로 원을 그리고 북쪽 호첨을 지나 다시 신법을 오른쪽으로 돌릴 때 안쪽 아래로 원을 그리며 호저로 모으고 손바닥은 동남쪽을 향하고 중지는 위로 비스듬히 치켜세운다.

작용: 진보우측고주제붕법(進步右側靠肘擠掤法)

상대가 팔꿈치를 가라앉혀 공격을 무력화하면 상대의 흐름을 타고 오른쪽 다리가 나아가 오른쪽 어깨와 팔꿈치로 연환하여 공격한다.

22. 우전신고탐마(右轉身高探馬)

모두 하나의 동작이다.

1. 시선은 남쪽을 보고 신법은 오른쪽으로 돌려 가슴을 남쪽으로 향한다. 왼쪽 다리 의 경을 가라앉혀 견고하게 세우고 오른쪽 다리는 무릎을 들어 독립보를 만든다. 오른손은 순전하여 안쪽 아래로 원을 그리며 호근으로 모으고 파(把)형을 만들어 파심은 동북쪽으로 향한다. 왼손은 역전하여 호근을 지나 남쪽 호첨으로 펼치고 손바닥은 아래쪽을 향하며 중지는 서쪽으로 비스듬히 치켜세운다.

작용: 우채좌열우슬타법(右采左挒右膝打法)

상대가 나의 오른쪽 전방에서 오른쪽 권으로 나의 오른쪽 늑골 부위 혹은 복부를 공격하면 그 흐름을 타고 오른쪽 팔꿈치를 가라앉혀 상대의 오른쪽 손목을 잡고 오른쪽 팔꿈치 반관절을 탄두경으로 치거나 혹은 왼쪽 장법으로 상대의 오른쪽 팔꿈치 관절을 밀고 나의 양손이 앞뒤로 합일되어 나눠지는 힘으로 발출하며 오른쪽 무릎으로 상대의 당부를 올려 찬다.

23. 소홍권(小紅拳)

모두 5개의 분해 동작이다.

1. 시선은 남쪽을 보고 신법은 오른쪽으로 돌려 가슴을 서쪽으로 향한다. 오른쪽 다리는 발을 내리고 고관절의 경을 가라앉혀 발끝이 서쪽으로 향하도록 한다. 왼쪽 다리는 남쪽으로 나아가 전허보를 만든다. 왼손은 순전하여 안쪽 아래로 원을 그리며 호저로 내리고 손바닥은 서북쪽을 향하고 중지는 위로 비스듬히 치켜세운다. 오른손은 역전하여 바깥쪽 위로 원을 그리며 서북쪽 호정으로 펼치고 손바닥은 서북쪽을 향하고 중지는 위로 비스듬히 치켜세운다.

작용: 진보좌랄붕법(進步左捋掤法)
상대가 팔꿈치를 가라앉혀 공격을 무력화하고 장으로 밀어 공격해 오면 그 흐름을 타고 오른쪽 다리를 내리고 왼쪽 다리가 나아가 왼쪽 전완으로 상대의 오른쪽 전완 혹은 팔꿈치 부위를 옆으로 밀어내고 한쪽으로 무력화시킨다. 오른손은 상대의 오른쪽 손목을 돌려 잡고 바깥쪽 위로 당긴다.

2. 시선은 불변하고 신법은 먼저 오른쪽으로 돌리고 다시 왼쪽으로 돌려 가슴을 서남쪽으로 향한다. 왼쪽 다리는 신법을 따라 왼쪽으로 돌릴 때 고관절의 경을 가라앉

히고 마보를 지나 오른쪽 다리를 당겨 후허보를 만든다. 왼손은 신법을 오른쪽으로 돌릴 때 순전하여 호근으로 모으고 다시 왼쪽으로 돌릴 때 역전하여 바깥쪽 위로 원을 그리며 서남쪽 호정으로 펼치고 손바닥은 서남쪽을 향하고 중지는 위로 비스듬히 치켜세운다. 오른손은 신법을 따라 오른쪽으로 돌릴 때 역전하여 바깥쪽 위로 원을 그리며 북쪽 호첨으로 펼치고 다시 신법을 왼쪽으로 돌릴 때 안쪽 아래로 원을 그리며 북쪽 호저로 모으고 손바닥은 서남쪽을 향하고 중지는 위로 비스듬히 치켜세운다.

작용: 진우퇴좌고주법(進右腿左靠肘法)
상대가 공격을 무력화하고 오른손을 뽑아 당겨 방어하려 하면 그 흐름을 타고 오른쪽 다리를 당겨 왼쪽 어깨와 팔꿈치로 연환하여 공격한다.

3. 시선은 불변하고 신법은 먼저 왼쪽으로 돌리고 다시 오른쪽으로 돌려 가슴을 서쪽으로 향한다. 양쪽 다리는 신법을 따라 왼쪽으로 돌릴 때 오른쪽 발끝이 먼저 북쪽으로 빠지고 다시 신법을 오른쪽으로 돌릴 때 오른쪽 고관절의 경을 가라앉혀 마보를 지나 왼발을 당겨 전허보를 만든다. 왼손은 신법을 따라 왼쪽으로 돌릴 때 역전하여 바깥쪽 위로 원을 그리며 호첨을 지나 다시 신법을 오른쪽으로 돌릴 때 안쪽 아래로 원을 그리고 호저로 당겨 손바닥은 서북쪽을 향하고 중지는 위로 비스듬히 치켜세운다. 오른손은 신법을 왼쪽으로 돌릴 때 순전하여 호근으로 모으고 다시 신법에 따라 오른쪽으로 돌릴 때 서북쪽 호정으로 펼치고 손바닥은 서북쪽을 향하고 중지는 위로 비스듬히 치켜세운다.

작용: 퇴보좌랄붕법(退步左捋掤法)

상대가 뒤로 빠지며 공격을 무력화하고 다시 밀어 공격해 오면 그 흐름을 타고 오른쪽 다리를 뒤로 빼고 왼쪽 다리를 당겨 왼쪽 전완으로 상대의 안법을 이끌어 상대의 공세를 한쪽으로 무력화시킨다.

4. 시선은 불변하고 신법은 먼저 오른쪽으로 돌리고 다시 왼쪽으로 돌려 가슴을 서남쪽으로 향한다. 신법을 따라 왼쪽으로 돌릴 때 왼쪽 다리는 고관절의 경을 가라앉히고 마보를 지나 오른쪽 다리를 당겨 전허보를 만든다. 왼손은 신법을 오른쪽으로 돌릴 때 순전하여 호근으로 모으고 다시 왼쪽으로 돌릴 때 역전하여 바깥쪽 위로 원을 그리며 서남쪽 호정으로 펼치고 손바닥은 서남쪽을 향하고 중지는 위로 비스듬히 치켜세운다. 신법을 따라 오른쪽으로 돌릴 때 오른손은 역전하여 바깥쪽 위로 원을 그리며 북쪽 호첨으로 펼치고 다시 신법을 왼쪽으로 돌릴 때 안쪽 아래로 원을 그리며 북쪽 호저로 모으고 손바닥은 서남쪽을 향하고 중지는 위로 비스듬히 치켜세운다.

작용: 진우퇴좌고주법(進右腿左靠肘法)

상대가 공격을 무력화하고 오른손을 뽑아 당겨 방어하려 하면 그 흐름을 타고 오른쪽 다리를 당겨 왼쪽 어깨와 팔꿈치로 연환하여 공격한다.

5. 시선은 불변하고 신법은 먼저 왼쪽으로 돌리고 다시 오른쪽으로 돌려 가슴을 서쪽으로 향한다. 양쪽 다리는 신법을 따라 왼쪽으로 돌릴 때 오른쪽 발끝이 먼저 북쪽으로 빠지고 다시 신법을 오른쪽으로 돌릴 때 오른쪽 고관절의 경을 가라앉혀 마보를 지나 왼발을 당겨 전허보를 만든다. 왼손은 신법을 따라 왼쪽으로 돌릴 때 역전하여 바깥쪽 위로 원을 그리며 호첨을 지나 다시 신법을 오른쪽으로 돌릴 때 안쪽 아래로 원을 그리고 호저로 당겨 손바닥은 서북쪽을 향하고 중지는 위로 비스듬히 치켜세운다. 오른손은 신법을 왼쪽으로 돌릴 때 순전하여 호근으로 모으고 다시 신법에 따라 오른쪽으로 돌릴 때 서북쪽 호정으로 펼치고 손바닥은 서북쪽을 향하고 중지는 위로 비스듬히 치켜세운다.

작용: **퇴보좌랄붕법**(退步左捋掤法)
상대가 뒤로 빠지며 공격을 무력화하고 다시 밀어 공격해 오면 그 흐름을 타고 오른쪽 다리를 뒤로 빼고 왼쪽 다리를 당겨 왼쪽 전완으로 상대의 안법을 이끌어 상대의 공세를 한쪽으로 무력화시킨다.

24. 고탐마(高探馬)

모두 5개의 분해 동작이다.

1. 시선은 동남쪽을 보고 신법은 왼쪽으로 돌려 가슴을 남쪽으로 향한다. 왼쪽 다리는 발을 동남쪽으로 옮기고 마보를 만든다. 왼손은 순전하여 안쪽으로 원을 그리

며 호근으로 모으고 장심은 서남쪽을 향하고 중지는 위로 비스듬히 치켜세운다.
오른손은 순전하여 안쪽 아래로 원을 그리고 왼쪽 손목 아래 호근으로 모으고 손
바닥은 동북쪽을 향하고 중지는 위로 비스듬히 치켜세운다. 양손은 십자 형태를
만든다.

작용: 쌍수포전열법(雙手抱纏挒法)

상대가 공격을 무력화하고 왼손으로 나의 왼쪽 손목을 돌려 잡으면 나는 상대의
흐름을 타고 신법을 왼쪽으로 돌려 왼손을 치켜세워 상대의 왼쪽 손목을 돌려 잡
고 왼쪽 다리를 왼쪽으로 옮기고 나의 왼손에 힘을 가하고 오른손은 상대의 왼손
위쪽에 합쳐 돌려 잡는다.

2. 시선은 불변하고 신법은 오른쪽으로 돌려 가슴을 서남쪽으로 향한다. 왼쪽 다리는
고관절의 경을 가라앉히고 오른쪽 다리는 서북쪽으로 옮겨 마보를 만든다. 왼손은
역전히여 바깥쪽 아래로 원을 그리고 동남쪽 호저로 펼쳐 손바닥은 아래쪽을 향하
고 중지는 위로 비스듬히 치켜세운다. 오른손은 역전하여 바깥쪽 위로 원을 그리
며 서북쪽 호정으로 펼치고 손바닥은 서북쪽을 향하며 중지는 위로 비스듬히 치켜
세운다.

작용: 좌채우주제법(左采右肘擠法)

상대가 팔꿈치를 가라앉혀 포전열법의 공격을 무력화하면 나는 오른쪽 다리를 옮겨 왼손으로 상대방의 손목을 잡아당기고 오른쪽은 팔꿈치 또는 장으로 상대방의 얼굴 부위를 공격한다.

3. 시선은 불변하고 신법은 오른쪽으로 돌려 가슴을 서남쪽으로 향한다. 오른쪽 다리는 고관절 내측으로 접고 경을 가라앉혀 측마보를 만든다. 왼손은 순전하여 남쪽 호첨으로 펼치고 손바닥은 위쪽을 향하며 중지는 위로 비스듬히 치켜세운다. 오른손은 순전하여 북쪽 호정으로 펼치고 손바닥은 위쪽을 향하며 중지는 위로 비스듬히 치켜세운다.

작용: 좌수탁제법(左手托擠法)

상대가 나의 주법과 제법을 무력화하고 왼손으로 나의 왼쪽 손목을 잡아 비틀어 공격해 오면 나는 왼손을 들어 올리며 제법으로 밀어 공격한다.

4. 시선과 신법은 불변하고 가슴을 서남쪽으로 향한다. 오른쪽 다리는 경을 가라앉혀 내측으로 접어 견고하게 세운다. 왼쪽 다리는 오른발 내측으로 당겨 작은 보폭으로 허보를 만든다. 왼손은 역전하여 안쪽 위로 원을 그리며 호근으로 손을 감아 당기고 손바닥은 아래쪽을 향하고 중지는 위로 비스듬히 치켜세운다. 오른손은 역전하여 안쪽 위로 원을 그리고 오른뺨 부위로 손을 감아 당겨 손바닥은 동북쪽을 향하고 중지는 위로 비스듬히 치켜세운다.

작용: 퇴보좌랄붕법(退步左捋掤法)

만약 상대가 나의 공격을 무력화하며 밀고 들어오면 나는 왼쪽 다리를 뒤로 당기고 왼손에 힘을 가하며 상대의 오른쪽 전완 부위 혹은 오른쪽 팔꿈치 관절 부위를 위로 치켜들어 왼팔의 공격을 무력화하고 오른손은 다음 공격을 위해 상대의 팔 위에 붙인다.

5. 시선은 동남쪽을 보고 신법은 왼쪽으로 돌려 가슴을 동남쪽으로 향한다. 왼쪽 다리는 동북쪽으로 옮겨 발을 지면에 내릴 때 오른쪽 발끝을 안쪽으로 감아 돌려 마보를 만든다. 왼손은 순전하여 배꼽 부위로 당겨 파형으로 만들고 파심은 아래쪽을 향한다. 오른손은 순전하여 전완을 치켜들어 동남쪽으로 수평으로 치고 손바닥은 동북쪽을 향하고 중지는 위로 비스듬히 치켜세운다.

작용: 퇴보좌채우열타법(退步左采右挒打法)

만약 상대가 어깨의 힘을 빼고 빠져나오려 하면 왼쪽으로 신법을 돌려 왼쪽 다리를 빠르게 퇴보로 당기고 왼손은 상대의 왼쪽 손목을 돌려 잡아당기고 오른쪽 전완으로 상대의 왼쪽 팔꿈치 관절을 공격한다.

25. 천사(穿梭)

모두 6개의 분해 동작이다.

1. 시선은 남쪽을 보고 신법은 왼쪽으로 돌려 가슴을 동쪽으로 향한다. 왼쪽 다리는 북쪽으로 퇴보로 빼고 오른쪽 다리는 당겨 마보를 만든다. 왼손은 파형을 유지하고 오른손은 순전하여 안쪽 아래로 원을 그리고 동남쪽 호저를 지나 호근으로 모으고 손바닥은 북쪽을 향하며 중지는 위로 비스듬히 치켜세운다.

작용: **퇴보좌채우랄붕법(退步左采右挒掤法)**

상대가 왼쪽 팔꿈치를 가라앉히고 왼쪽 다리가 나아가 제법으로 공격을 무력화하면 나는 퇴보로 발을 빼고 계속 왼손으로 상대의 왼쪽 손목을 돌려 잡고 오른쪽 전완으로 상대의 왼쪽 팔꿈치 부위를 눌러 막고 왼쪽으로 밀어낸다.

2. 시선은 불변하고 신법은 오른쪽으로 돌려 가슴을 동남쪽으로 향한다. 오른쪽 다리는 남쪽으로 한 발 나아가고 왼쪽 다리는 당겨 마보를 만든다. 오른손은 역전하여 남쪽 호첨으로 수평으로 밀고 손바닥은 남쪽을 향하고 중지는 비스듬히 치켜세운다. 왼손은 역전하여 장형을 만들고 오른손은 아래쪽에서 수평으로 밀고 손바닥은 남쪽을 향하며 중지는 위로 비스듬히 치켜세운다.

작용: 진보쌍안법(進步雙按法)

상대가 진보제법으로 공격을 무력화하고 다시 손을 빼고 방어하려 하면 상대의 흐름을 타고 오른쪽 다리가 한 발 나아가고 왼쪽 다리를 당기며 양손으로 상대의 몸통 부위를 공격한다.

3. 시선은 남쪽을 보고 신법은 왼쪽으로 돌려 가슴을 동쪽으로 향한다. 왼쪽 다리는 북쪽으로 퇴보로 빼고 오른쪽 다리는 당겨 마보를 만든다. 왼손은 파형을 유지하고 오른손은 순전하여 안쪽 아래로 원을 그리고 동남쪽 호저를 지나 호근으로 모으고 손바닥은 북쪽을 향하며 중지는 위로 비스듬히 치켜세운다.

작용: 퇴보좌채우랄붕법(退步左采右挒掤法)

상대가 왼쪽 팔꿈치를 가라앉히고 왼쪽 다리가 나아가 제법으로 공격을 무력화하면 나는 퇴보로 발을 빼고 계속 왼손으로 상대의 왼쪽 손목을 돌려 잡고 오른쪽 전완으로 상대의 왼쪽 팔꿈치 부위를 눌러 막고 왼쪽으로 밀어낸다.

4. 시선은 불변하고 신법은 오른쪽으로 돌려 가슴을 동남쪽으로 향한다. 오른쪽 다리는 남쪽으로 한 발 나아가고 왼쪽 다리는 당겨 마보를 만든다. 오른손은 역전하여 남쪽 호첨으로 수평으로 밀고 손바닥은 남쪽을 향하고 중지는 비스듬히 치켜세운

다. 왼손은 역전하여 장형을 만들고 오른손 아래쪽에서 수평으로 밀고 손바닥은 남쪽을 향하며 중지는 위로 비스듬히 치켜세운다.

작용: 진보쌍안법(進步雙按法)

상대가 진보제법으로 공격을 무력화하고 다시 손을 빼고 방어하려 하면 상대의 흐름을 타고 오른쪽 다리가 한 발 나아가고 왼쪽 다리를 당기며 양손으로 상대의 몸통 부위를 공격한다.

5. 시선은 남쪽을 보고 신법은 왼쪽으로 돌려 가슴을 동쪽으로 향한다. 왼쪽 다리는 북쪽으로 퇴보로 빼고 오른쪽 다리는 당겨 마보를 만든다. 왼손은 파형을 유지하고 오른손은 순전하여 안쪽 아래로 원을 그리고 동남쪽 호저를 지나 호근으로 모으고 손바닥은 북쪽을 향하며 중지는 위로 비스듬히 치켜세운다.

작용: 퇴보좌채우랄붕법(退步左采右捋掤法)

상대가 왼쪽 팔꿈치를 가라앉히고 왼쪽 다리가 나아가 제법으로 공격을 무력화하면 나는 퇴보로 발을 빼고 계속 왼손으로 상대의 왼쪽 손목을 돌려 잡고 오른쪽 전완으로 상대의 왼쪽 팔꿈치 부위를 눌러 막고 왼쪽으로 밀어낸다.

6. 시선은 불변하고 신법은 오른쪽으로 돌려 가슴을 동남쪽으로 향한다. 오른쪽 다리는 남쪽으로 한 발 나아가고 왼쪽 다리는 당겨 마보를 만든다. 오른손은 역전하여 남쪽 호첨으로 수평으로 밀고 손바닥은 남쪽을 향하고 중지는 비스듬히 치켜세운다. 왼손은 역전하여 상형을 만들고 오른손 아래쪽에서 수평으로 밀고 손바닥은 남쪽을 향하며 중지는 위로 비스듬히 치켜세운다.

작용: 진보쌍안법(進步雙按法)
상대가 진보제법으로 공격을 무력화하고 다시 손을 빼고 방어하려 하면 상대의 흐름을 타고 오른쪽 다리가 한 발 나아가고 왼쪽 다리를 당기며 양손으로 상대의 몸통 부위를 공격한다.

26. 도기려(倒騎驢)

모두 6개의 분해 동작이다.

1. 시선은 남쪽을 보고 신법은 오른쪽으로 돌려 가슴을 서쪽으로 향한다. 오른쪽 다리는 발뒤꿈치를 축으로 발끝을 바깥측으로 돌린다. 왼쪽 다리는 발끝을 축으로 발뒤꿈치를 돌리고 헐보를 만든다. 오른손은 역전하여 바깥쪽 위로 원을 그리고 서쪽 호첨으로 펼치고 손바닥은 남쪽을 향하고 중지는 위로 비스듬히 치켜세운다. 왼손은 순전하여 안쪽 위로 원을 그리며 서남쪽 호정으로 펼치고 손바닥은 서쪽으로 향하고 중지는 위로 비스듬히 치켜세운다.

작용: 쌍수붕법(雙手掤法)

상대가 나의 전방에서 오른쪽 권으로 나의 얼굴을 공격하면 나는 신법을 오른쪽으로 돌리고 오른쪽 전완으로 상대의 오른손 혹은 오른쪽 전완 부위를 옆으로 밀고 상대의 오른쪽 권의 공세를 한쪽으로 무력화하고 왼쪽 전완 부위로 상대의 오른쪽 팔꿈치 부위를 막아 누른다.

2. 시선은 북쪽을 보고 신법은 오른쪽으로 돌려 가슴을 동북쪽으로 향한다. 오른쪽 다리는 발끝을 축으로 발뒤꿈치를 안쪽으로 돌려 고관절의 경을 가라앉히고 견고하게 세운다. 왼쪽 다리는 무릎을 들어 독립보를 만든다. 오른손은 동남쪽 호저로 당기고 손바닥은 아래를 향하고 중지는 위로 비스듬히 치켜세운다. 왼손은 북쪽 호정으로 당기고 손바닥은 동북쪽을 향하며 중지는 위로 비스듬히 치켜세운다.

작용: 우전신열법(右轉身挒法)

상대의 오른쪽 권의 공격이 무력화되고 다시 공격해 오면 나는 오른손으로 상대의 오른쪽 손목을 돌려 잡고 왼쪽 전완으로 상대의 오른쪽 팔꿈치를 막아 누르고 나의 신법을 오른쪽으로 돌리는 구심력을 이용하여 상대의 오른쪽 팔꿈치 관절을 공격한다.

이 실용방법에서 오른손은 신법을 따라 구심력으로(음), 왼쪽 팔꿈치는 신법을 따라 원심력(양)으로 나뉜다.

3. 시선은 북쪽을 보고 신법은 왼쪽으로 돌려 가슴을 서북쪽으로 향한다. 왼쪽 다리는 북쪽으로 나아가 오른발을 당겨 후허보를 만든다. 왼손은 역전하여 배꼽 부위로 모으며 파형을 만들고 파심은 아래를 향한다. 오른손은 역전하여 북쪽 호첨으로 밀어 누르고 손바닥은 아래로 비스듬히 향하고 중지는 위로 비스듬히 치켜세운다.

작용: 진보쌍수열나법(進步雙手捯拿法)
상대가 전방에서 왼쪽 권으로 나의 얼굴을 공격하면 나는 왼쪽 다리가 나아가고 오른쪽 다리를 당겨 왼손으로 상대의 왼쪽 손목을 옆으로 밀어 무력화하고 다시 상대의 왼쪽 손목을 돌려 잡아 나의 배꼽 부위로 당기고 오른손으로 상대의 왼쪽 팔꿈치 관절을 밀어 누른다.

4. 시선은 불변하고 신법은 오른쪽으로 돌려 가슴을 동북쪽으로 향한다. 오른쪽 다리는 남쪽으로 빠지고 왼쪽 다리를 당겨 마보를 만든다. 오른손은 역전하여 배꼽 부위로 모아 파형으로 만들고 파심은 아래를 향한다. 왼쪽 파형은 역전하여 장형으로 만들고 북쪽 호첨으로 밀어 누르고 손바닥은 비스듬히 아래를 향하고 중지는 위로 비스듬히 치켜세운다.

작용: 퇴보열나법(退步捌拿法)

상대가 전방에서 오른쪽 권으로 나의 얼굴을 공격하면 나는 즉시 오른쪽 다리를
뒤로 빼고 왼쪽 다리를 당겨 상대의 오른쪽 권의 공격을 무력화하며 오른손으로
상대의 오른쪽 손목을 돌려 잡아 나의 배꼽 부위로 당기고 왼손으로 상대의 오른
쪽 팔꿈치 관절을 밀어 누른다.

5. 시선은 북쪽을 보고 신법은 왼쪽으로 돌려 가슴을 서북쪽으로 향한다. 왼쪽 다리는
북쪽으로 나아가 오른발을 당겨 후허보를 만든다. 왼손은 역전하여 배꼽 부위로 모
으며 파형을 만들고 파심은 아래를 향한다. 오른손은 역전하여 북쪽 호첨으로 밀어
누르고 손바닥은 아래로 비스듬히 향하고 중지는 위로 비스듬히 치켜세운다.

작용: 진보쌍수열나법(進步雙手捌拿法)

상대가 전방에서 왼쪽 권으로 나의 얼굴을 공격하면 나는 왼쪽 다리가 나아가고
오른쪽 다리를 당겨 왼손으로 상대의 왼쪽 손목을 옆으로 밀어 무력화하고 다시
상대의 왼쪽 손목을 돌려 잡아 나의 배꼽 부위로 당기고 오른손으로 상대의 왼쪽
팔꿈치 관절을 밀어 누른다.

6. 시선은 불변하고 신법은 오른쪽으로 돌려 가슴을 동북쪽으로 향한다. 오른쪽 다리는 남쪽으로 빠지고 왼쪽 다리를 당겨 마보를 만든다. 오른손은 역전하여 배꼽 부위로 모아 파형으로 만들고 파심은 아래를 향한다. 왼쪽 파형은 역전하여 장형으로 만들고 북쪽 호첨으로 밀어 누르고 손바닥은 비스듬히 아래를 향하고 중지는 위로 비스듬히 치켜세운다.

작용: 퇴보열나법(退步捋拿法)

상대가 전방에서 오른쪽 권으로 나의 얼굴을 공격하면 나는 즉시 오른쪽 다리를 뒤로 빼고 왼쪽 다리를 당겨 상대의 오른쪽 권의 공격을 무력화하며 오른손으로 상대의 오른쪽 손목을 돌려 잡아 나의 배꼽 부위로 당기고 왼손으로 상대의 오른쪽 팔꿈치 관절을 밀어 누른다.

27. 섬통배(閃通背)

이 식은 모두 4개의 분해 동작이다.

1. 시선은 불변하고 신법은 먼저 오른쪽으로 돌리고 다시 왼쪽으로 돌려 가슴을 동북쪽으로 향한다. 왼쪽 다리는 오른쪽으로 돌릴 때 북쪽으로 한 발 나아가 측마보를 만들고 다시 왼쪽으로 돌릴 때 고관절의 경을 가라앉혀 견고하게 세운다. 오른쪽 다리는 왼발 뒤로 당겨 마보를 만든다. 왼손은 순전하여 안쪽 위로 원을 그리며 호저로 내리고 손바닥은 아래쪽을 향하며 중지는 오른쪽으로 비스듬히 치켜세운다. 오른손은 순전하여 허리 부위로 당기고 다시 북쪽 호첨으로 찌르며 손바닥은 위쪽을 향하고 중지는 앞쪽으로 비스듬히 치켜세운다.

작용: 진보좌수채법우천장제열법(進步左手采法右穿掌擠挒法)

상대가 팔꿈치를 가라앉혀 공격을 무력화하면 상대의 왼손을 돌려 잡아당기며 오른쪽 다리를 앞으로 당겨 오른쪽 손끝으로 상대방의 후두부를 공격하며 또한 전완으로 상대의 팔꿈치를 막으며 제열법의 공격을 한다.

2. 시선은 불변하고 신법으로 오른쪽으로 돌려 가슴을 동쪽으로 향한다. 왼쪽 다리는 발뒤꿈치를 축으로 발끝을 안쪽으로 돌린다. 오른쪽 다리는 고관절 내측의 경을 가라앉히고 내측마보를 만든다. 왼손은 역전하여 아래로 원을 그리며 호저로 밀고 손바닥은 북쪽을 향하며 중지는 동쪽을 향한다. 오른손은 역전하여 호근으로 당겨 파형을 만들고 파심은 아래를 향한다.

작용: 우채좌안법(右采左按法)

상대가 오른손으로 나의 오른쪽 손목을 밀어 누르고 제법을 무력화하면 그 흐름을 타고 상대방의 손목을 파법으로 잡고 오른쪽으로 신법을 돌려 채법으로 당긴다. 왼손은 동시에 손을 뒤집어 상대방의 허리 부위를 공격한다.

3. 시선은 남쪽을 보고 신법은 오른쪽으로 돌려 가슴을 동남쪽으로 향한다. 왼쪽 다

리는 경을 가라앉혀 견고하게 세운다. 오른쪽 다리는 발뒤꿈치를 들어 전허보를 만든다. 왼손은 순전하여 북쪽 호정으로 들어 올리고 손바닥은 위로 향하고 중지는 북쪽으로 비스듬히 치켜세운다. 오른손은 호근에서 파형을 유지한다.

작용: 우채좌랄도제(右採左捋倒擠)
상대가 몸을 움츠리며 안법의 공격을 무력화하면 그 흐름을 타고 신법을 오른쪽으로 돌려 오른손으로 계속 상대의 오른쪽 손목을 돌려 잡고 동시에 왼쪽 팔꿈치 내측으로 상대방의 오른쪽 팔꿈치 내측을 받쳐 들어 올리고 왼쪽 어깨가 상대방의 팔꿈치가 들어오는 것을 막는다.

4. 시선은 서남쪽을 보고 신법은 오른쪽으로 돌려 가슴을 서남쪽으로 향한다. 왼쪽 다리는 오른발이 지면에 내릴 때 발뒤꿈치를 축으로 발끝을 안쪽으로 감아 당긴다. 오른쪽 다리는 서북쪽으로 퇴보로 빼고 마보를 만든다 오른쪽 파형은 배꼽 부위로 내리고 파심은 아래쪽을 향한다. 왼손은 순전하여 안쪽 위로 원을 그리며 서남쪽 호저로 누르고 손바닥은 서쪽을 향하고 중지는 위로 비스듬히 치켜세운다.

작용: 퇴보우채좌견배고법(退步右採左肩背靠法)
상대가 진보로 나와 팔꿈치를 가라앉혀 공격을 무력화하면 상대의 흐름을 타고 신법을 오른쪽으로 돌려 오른쪽 다리를 퇴법으로 당기고 오른손은 상대의 오른쪽 손

목을 돌려 잡아 배꼽 부위로 당기고 동시에 왼쪽 어깨와 등을 이용하여 오른쪽으로 신법을 돌리는 원심력(양)과 오른쪽 파법이 아래로 당기는 구심력(음)의 힘을 빌어 상대를 넘어뜨린다.

28. 약보엄수굉추(躍步掩手肱捶)

모두 4개의 분해 동작이다.

1. 시선은 동남쪽을 보고 신법은 왼쪽으로 돌려 가슴을 다시 동남쪽으로 향한다. 오른쪽 다리는 왼쪽을 향해 무릎을 높게 들고 왼쪽 다리는 동시에 동남쪽으로 뛰어오른다. 왼손은 왼쪽으로 돌리면서 역전하여 바깥쪽 아래로 원을 그리며 동남쪽 호첨으로 펼치고 손바닥은 동남쪽을 향하고 중지는 위로 비스듬히 치켜세운다. 오른손은 왼쪽으로 돌리면서 역전하여 배꼽 부위에서 서남쪽 호첨으로 펼치고 손바닥은 서남쪽을 향하고 중지는 위로 비스듬히 치켜세운다.

작용: 찬약좌붕우슬타법(躥躍左掤右膝打法)
상대가 나의 우채 좌견열법의 공세를 무력화하려 일어서면 그 흐름을 타고 왼쪽 전완 혹은 팔꿈치로 상대 오른손의 공세를 한쪽으로 무력화하거나 동시에 뛰어올라 오른쪽 무릎으로 상대의 당부를 위쪽으로 찬다.

2. 시선은 서남쪽을 보고 신법은 오른쪽으로 돌려 가슴을 다시 서남쪽으로 향한다. 오른발을 지면에 내린 후 오른쪽으로 돌릴 때 왼쪽 다리가 나아가 마보를 만든다. 왼손은 순전하여 위로 원을 그리며 호근을 지나 배꼽 아래로 내려 오른손 손목 위

로 모으고 손바닥은 아래쪽으로 향한다. 오른손은 순전하여 배꼽 부위에서 모으고 손바닥은 아래쪽을 향하며 양손의 중지는 서로 교차하여 아래쪽을 향한다.

작용: 포전열법(抱纏挒法)

상대가 오른손을 빼고 다시 나의 오른쪽 손목을 잡아 돌리면 그 흐름을 타고 왼손으로 오른손이 빠져나가는 것을 차단하며 팔꿈치를 가라앉혀 손목을 치켜세우고 상대의 오른쪽 손목을 돌려 잡아 상체의 지렛대 힘을 빌어 왼손은 뒤로 감아 안고 오른손은 앞으로 감아 안아 서로 간의 음양으로 조화롭게 교차 형태의 매듭식 열법으로 공격한다.

3. 시선은 서남쪽을 보고 신법은 오른쪽으로 돌려 가슴을 서쪽으로 향한다. 오른쪽 고관절의 경을 가라앉혀 내측으로 접고 보형은 불변한다. 왼손은 역전하여 장형으로 만들어 아래로 원을 그리고 서남쪽 호첨으로 펼치며 손바닥은 위로 향하고 중지는 서남쪽으로 비스듬히 치켜세운다. 오른손은 역전하여 아래로 원을 그리고 호근 위로 들어 손바닥은 위로 향하고 중지는 위로 비스듬히 치켜세운다.

작용: 좌제우인붕법(左擠右引掤法)

상대가 포전열법을 무력화하고 제법으로 나의 아랫배를 공격하면 그 흐름을 따라 신법을 오른쪽으로 돌리고 왼쪽 팔꿈치로 상대의 오른쪽 팔꿈치를 제법으로 밀고 상대의 오른쪽 제법을 무력화한다. 오른손은 호근으로 당겨 힘을 모은다.

4. 시선은 불변하고 신법은 왼쪽으로 돌려 가슴을 남쪽으로 향한다. 왼쪽 다리는 고관절의 경을 가라앉혀 접고 마보를 지나 측마보를 만든다. 왼손은 역전하여 배꼽 부위로 당겨 파형을 만들고 파심은 아래를 향한다. 오른손은 주먹을 쥐어 서남쪽 호첨으로 역전하여 권을 내지르고 권심은 아래를 향한다.

작용: 좌채우굉탄두열법(左采右肱彈抖挒法)

상대가 팔꿈치를 가라앉혀 나의 공격을 무력화하고 왼손으로 나의 왼쪽 손목을 돌려 잡으면 그 흐름을 타고 왼손을 뒤집어 상대의 손목을 돌려 잡아 배꼽 부위로 당기며 오른쪽 권은 상대의 복부 혹은 늑골 부위를 공격한다. 상대방이 왼쪽 팔꿈치를 가라앉혀 나의 오른쪽 팔꿈치를 막아 권의 공격을 무력화하면 나는 오른쪽 권에 힘을 가해 오른쪽 이두근 부위로 탄두경을 만들어 상대의 왼쪽 팔꿈치 관절을 분력으로 공격한다.

주의

이 동작에서 신법을 왼쪽으로 돌릴 때 왼손은 구심력(음)을 빌어 잡아채고 오른쪽 권은 원심력(양)을 빌어 공격한다. 좌파, 우권과 양쪽 다리에 지탱하는 공력은 서로 음양, 상대, 상등의 합일이며 또한 발출하는 것은 동작과 공력이 서로 연결되는 것이다.

29. 과신편(裹身鞭)

모두 8개의 분해 동작이다.

1. 시선은 서남쪽을 보고 신법은 왼쪽으로 돌려 가슴을 남쪽으로 향한다. 왼쪽 다리는 고관절의 경을 가라앉히고 보형은 불변한다. 오른쪽 권은 원래 위치에서 순전하여 권심은 비스듬히 위쪽을 향한다. 왼쪽 파형은 장형으로 만들어 오른뺨 부위로 들어 손등이 뺨 쪽을 향한다.

작용: 우권제법(右拳擠法)
상대가 왼쪽 팔꿈치를 가라앉혀 나의 공격을 무력화하면 그 흐름을 타고 왼쪽으로 신법을 돌리고 구심력을 빌어 우측의 팔꿈치를 가라앉히는 방법으로 오른쪽 권의 두 번째 충권으로 상대의 복부를 공격하고 왼손은 목 부위를 보호한다.

2. 시선은 불변하고 신법은 오른쪽으로 돌려 가슴을 서쪽으로 향한다. 양쪽 다리의 보형은 마보를 지나 측마보를 만든다. 오른쪽 권은 역전하여 장형으로 만들고 바깥쪽 위로 원을 그리며 서북쪽 호정으로 펼치고 손바닥은 서쪽으로 향하고 중지는 위로 비스듬히 치켜세운다. 왼손은 역전하여 바깥쪽 위로 원을 그리며 호정으로 펼치고 손바닥은 서쪽으로 향하고 중지는 위로 비스듬히 치켜세운다.

작용: 우채붕법(右采掤法)

만약 상대가 나의 전방에서 오른쪽 권으로 얼굴을 공격하면 오른쪽 전완으로 상대
의 오른쪽 전완을 옆으로 밀고 상대의 오른쪽 권의 공격을 한쪽으로 무력화시킨다.

3. 시선은 남쪽을 보고 신법은 왼쪽으로 돌려 가슴을 남쪽으로 향한다. 왼쪽 다리는
고관절의 경을 가라앉히고 지면을 밟아 뛰어오르고 오른쪽 다리는 무릎을 들어 왼
쪽 다리와 배합하여 남쪽으로 도약한다. 오른손은 역전하여 바깥쪽 위로 원을 그
리고 서북쪽 호첨으로 펼치고 다시 순전하여 권형으로 만들어 안쪽 아래로 원을
그리며 호저를 지나 호근으로 모으고 권심은 아래쪽을 향한다. 왼손은 역전하여
바깥쪽 아래로 원을 그리며 동남쪽 호첨으로 펼치고 다시 순전하여 권형으로 만들
어 호근으로 모으고 권심은 아래쪽을 향한다.

작용: 쌍비두탱붕법(雙臂抖撑掤法)

만약 상대가 나의 등 뒤에서 양손으로 껴안으면 신법을 왼쪽으로 돌리고 구심력을
만들어 큰 힘으로 안쪽으로 모으고 양쪽 팔꿈치와 팔뚝으로 신법을 돌릴 때 만들
어지는 원심력으로 바깥쪽을 향해 탄두경을 흔들어 쳐내고 상대의 양팔이 열리도
록 한다.

4. 시선은 서쪽을 보고 신법은 오른쪽으로 돌려 가슴을 서쪽으로 향한다. 양쪽 다리는 공중에서 신법을 따라 먼저 오른쪽 다리를 내리고 다시 왼쪽 다리를 지면에 내려 마보를 만든다. 양손은 순전하여 양쪽 팔꿈치로 내리치고 양쪽 팔꿈치를 치는 관성의 힘을 빌어 왼손은 남쪽, 오른손은 북쪽 호첨으로 벌리고 양쪽 권의 권심은 위쪽을 향한다.

작용: 좌주법(左肘法)
상대의 공격을 흔들어 열거나 혹은 비틀어 열어 오른쪽 팔꿈치 혹은 왼쪽 팔꿈치로 상대의 오른쪽 혹은 왼쪽 늑골을 친다.

5. 시선은 남쪽을 보고 신법은 왼쪽으로 돌려 가슴을 남쪽으로 향한다. 왼쪽 다리는 고관절의 경을 가라앉히고 지면을 밟아 뛰어오르고 오른쪽 다리는 무릎을 들어 왼쪽 다리와 배합하여 남쪽으로 도약한다. 오른손은 역전하여 바깥쪽 위로 원을 그리고 서북쪽 호첨으로 펼치고 다시 순전하여 권형으로 만들어 안쪽 아래로 원을 그리며 호저를 지나 호근으로 모으고 권심은 아래쪽을 향한다. 왼손은 역전하여 바깥쪽 아래로 원을 그리며 동남쪽 호첨으로 펼치고 다시 순전하여 권형으로 만들어 호근으로 모으고 권심은 아래쪽을 향한다.

만약 상대가 나의 등 뒤에서 양손으로 껴안으면 신법을 왼쪽으로 돌리고 구심력을 만들어 큰 힘으로 안쪽으로 모으고 양쪽 팔꿈치와 팔뚝으로 신법을 돌릴 때 만들어지는 원심력으로 바깥쪽을 향해 탄두경을 흔들어 쳐내고 상대의 양팔이 열리도록 한다.

6. 시선은 서쪽을 보고 신법은 오른쪽으로 돌려 가슴을 서쪽으로 향한다. 양쪽 다리는 공중에서 신법을 따라 먼저 오른쪽 다리를 내리고 다시 왼쪽 다리를 지면에 내려 마보를 만든다. 양손은 순전하여 양쪽 팔꿈치로 내리치고 양쪽 팔꿈치를 치는 관성의 힘을 빌어 왼손은 남쪽, 오른손은 북쪽 호첨으로 벌리고 양쪽 권의 권심은 위쪽을 향한다.

작용: 좌주법(左肘法)

상대의 공격을 흔들어 열거나 혹은 비틀어 열어 오른쪽 팔꿈치 혹은 왼쪽 팔꿈치로 상대의 오른쪽 혹은 왼쪽 늑골을 친다.

7. 시선은 남쪽을 보고 신법은 왼쪽으로 돌려 가슴을 남쪽으로 향한다. 왼쪽 다리는 고관절의 경을 가라앉히고 지면을 밟아 뛰어오르고 오른쪽 다리는 무릎을 들어 왼쪽 다리와 배합하여 남쪽으로 도약한다. 오른손은 역전하여 바깥쪽 위로 원을 그리고 서북쪽 호첨으로 펼치고 다시 순전하여 권형으로 만들어 안쪽 아래로 원을 그리며 호저를 지나 호근으로 모으고 권심은 아래쪽을 향한다. 왼손은 역전하여 바깥쪽 아래로 원을 그리며 동남쪽 호첨으로 펼치고 다시 순전하여 권형으로 만들어 호근으로 모으고 권심은 아래쪽을 향한다.

작용: 쌍비두탱붕법(雙臂抖撐掤法)

만약 상대가 나의 등 뒤에서 양손으로 껴안으면 신법을 왼쪽으로 돌리고 구심력을 만들어 큰 힘으로 안쪽으로 모으고 양쪽 팔꿈치와 팔뚝으로 신법을 돌릴 때 만들어지는 원심력으로 바깥쪽을 향해 탄두경을 흔들어 쳐내고 상대의 양팔이 열리도록 한다.

8. 시선은 서쪽을 보고 신법은 오른쪽으로 돌려 가슴을 서쪽으로 향한다. 양쪽 다리는 공중에서 신법을 따라 먼저 오른쪽 다리를 내리고 다시 왼쪽 다리를 지면에 내려 마보를 만든다. 양손은 순전하여 양쪽 팔꿈치로 내리치고 양쪽 팔꿈치를 치는 관성의 힘을 빌어 왼손은 남쪽, 오른손은 북쪽 호첨으로 벌리고 양쪽 권의 권심은 위쪽을 향한다.

작용: 좌주법(左肘法)

상대의 공격을 흔들어 열거나 혹은 비틀어 열어 오른쪽 팔꿈치 혹은 왼쪽 팔꿈치로 상대의 오른쪽 혹은 왼쪽 늑골을 친다.

30. 우전신과신편(右轉身裏身鞭)

모두 7개의 분해 동작이다.

1. 시선은 서북쪽을 보고 신법은 오른쪽으로 돌려 가슴을 북쪽으로 향한다. 왼쪽 다리는 발뒤꿈치를 축으로 발끝을 안쪽으로 감고 오른쪽 다리는 남쪽으로 소법(掃法)으로 당겨 작은 보폭의 마보를 만든다. 양쪽 권은 역전하여 왼손은 남쪽 호저로 모으고 오른손은 북쪽 호저로 모아 양쪽 팔꿈치와 팔뚝은 바깥쪽으로 벌리고 양쪽 권의 권심은 모두 아래쪽을 향한다.

작용: 쌍주쌍굉두탱붕법(雙肘雙肱抖撑掤法)

만약 상대가 나의 등 뒤에서 양팔로 다시 나를 껴안으면 만들어지는 구심력으로 양쪽 권을 합하고 양쪽 팔꿈치와 팔뚝 부위로 신법을 오른쪽으로 돌리는 것에 따라 만들어지는 원심력으로 바깥쪽으로 흔들어 펼치고 상대의 공격이 풀어지도록 한다.

2. 시선은 북쪽을 보고 신법은 왼쪽으로 돌려 가슴을 북쪽으로 향한다. 왼쪽 다리는 고관절의 경을 가라앉히고 지면을 밟아 뛰어오르고 오른쪽 다리는 동시에 무릎을 들어 왼쪽 다리와 배합하여 북쪽으로 도약한다. 양쪽 권은 동시에 역전시켜 팔꿈치를 바깥쪽으로 펼치며 왼손은 북쪽 호근으로, 오른손은 남쪽 호근으로 모으고 권심은 모두 아래쪽을 향한다.

작용: 쌍비두탱붕법(雙臂抖撑掤法)

만약 상대가 나의 등 뒤에서 양손으로 껴안으면 신법을 왼쪽으로 돌리고 구심력을 만들어 큰 힘으로 안쪽으로 모으고 양쪽 팔꿈치와 팔뚝으로 신법을 돌릴 때 만들어지는 원심력으로 바깥쪽을 향해 탄두경을 흔들어 쳐내고 상대의 양팔이 열리도록 한다.

3. 시선은 동쪽을 보고 신법은 오른쪽으로 돌려 가슴을 동쪽으로 향한다. 양쪽 다리는 공중에서 먼저 오른쪽 다리를 내리고 다시 왼쪽 다리를 지면에 내려 마보를 만든다. 양손은 순전하여 양쪽 팔꿈치로 내리치고 양쪽 팔꿈치를 치는 관성의 힘을 빌어 왼손은 북쪽, 오른손은 남쪽 호첨으로 펼치고 양쪽 권의 권심은 위로 향한다.

작용: 좌주법(左肘法)

상대의 공격을 흔들어 열거나 혹은 비틀어 열어 오른쪽 팔꿈치 혹은 왼쪽 팔꿈치로 상대의 오른쪽 혹은 왼쪽 늑골을 친다.

4. 시선은 북쪽을 보고 신법은 왼쪽으로 돌려 가슴을 북쪽으로 향한다. 왼쪽 다리는 고관절의 경을 가라앉히고 지면을 밟아 뛰어오르고 오른쪽 다리는 동시에 무릎을

들어 왼쪽 다리와 배합하여 북쪽으로 도약한다. 양쪽 권은 동시에 역전시켜 팔꿈치를 바깥쪽으로 펼치며 왼손은 북쪽 호근으로, 오른손은 남쪽 호근으로 모으고 권심은 모두 아래쪽을 향한다.

작용: 쌍비두탱붕법(雙臂抖撑掤法)

만약 상대가 나의 등 뒤에서 양손으로 껴안으면 신법을 왼쪽으로 돌리고 구심력을 만들어 큰 힘으로 안쪽으로 모으고 양쪽 팔꿈치와 팔뚝으로 신법을 돌릴 때 만들어지는 원심력으로 바깥쪽을 향해 탄두경을 흔들어 쳐내고 상대의 양팔이 열리도록 한다.

5. 시선은 동쪽을 보고 신법은 오른쪽으로 돌려 가슴을 동쪽으로 향한다. 양쪽 다리는 공중에서 먼저 오른쪽 다리를 내리고 다시 왼쪽 다리를 지면에 내려 마보를 만든다. 양손은 순전하여 양쪽 팔꿈치로 내리치고 양쪽 팔꿈치를 치는 관성의 힘을 빌어 왼손은 북쪽, 오른손은 남쪽 호첨으로 펼치고 양쪽 권의 권심은 위로 향한다.

작용: 좌주법(左肘法)

상대의 공격을 흔들어 열거나 혹은 비틀어 열어 오른쪽 팔꿈치 혹은 왼쪽 팔꿈치로 상대의 오른쪽 혹은 왼쪽 늑골을 친다.

6. 시선은 북쪽을 보고 신법은 왼쪽으로 돌려 가슴을 북쪽으로 향한다. 왼쪽 다리는 고관절의 경을 가라앉히고 지면을 밟아 뛰어오르고 오른쪽 다리는 동시에 무릎을 들어 왼쪽 다리와 배합하여 북쪽으로 도약한다. 양쪽 권은 동시에 역전시켜 팔꿈치를 바깥쪽으로 펼치며 왼손은 북쪽 호근으로, 오른손은 남쪽 호근으로 모으고 권심은 모두 아래쪽을 향한다.

작용: 쌍비두탱붕법(雙臂抖撑掤法)

만약 상대가 나의 등 뒤에서 양손으로 껴안으면 신법을 왼쪽으로 돌리고 구심력을 만들어 큰 힘으로 안쪽으로 모으고 양쪽 팔꿈치와 팔뚝으로 신법을 돌릴 때 만들어지는 원심력으로 바깥쪽을 향해 탄두경을 흔들어 쳐내고 상대의 양팔이 열리도록 한다.

7. 시선은 동쪽을 보고 신법은 오른쪽으로 돌려 가슴을 동쪽으로 향한다. 양쪽 다리는 공중에서 먼저 오른쪽 다리를 내리고 다시 왼쪽 다리를 지면에 내려 마보를 만든다. 양손은 순전하여 양쪽 팔꿈치로 내리치고 양쪽 팔꿈치를 치는 관성의 힘을 빌어 왼손은 북쪽, 오른손은 남쪽 호첨으로 펼치고 양쪽 권의 권심은 위로 향한다.

작용: 좌주법(左肘法)

상대의 공격을 흔들어 열거나 혹은 비틀어 열어 오른쪽 팔꿈치 혹은 왼쪽 팔꿈치로 상대의 오른쪽 혹은 왼쪽 늑골을 친다.

31. 수주세(手肘勢)

모두 3개의 분해 동작이다.

1. 시선은 남쪽을 보고 신법은 왼쪽으로 돌리고 다시 오른쪽으로 돌려 가슴을 동남쪽으로 향한다. 양쪽 다리는 경을 가라앉히고 보형은 불변한다. 왼쪽 권은 역전하여 호근으로 모으고 다시 순전하여 북쪽 호첨으로 권을 내던지듯 치고 권심은 위쪽을 향한다. 오른쪽 권은 순전하여 남쪽 호첨으로 펼치고 다시 역전하여 호근으로 내던지듯 치고 권심은 아래쪽을 향한다.

작용: 쌍굉붕법(雙肱掤法)

만약 상대가 나의 오른쪽 후방에서 양팔로 나를 껴안으면 나는 즉시 양쪽 권을 좌우로 흔들어 내던지듯이 탄두경으로 쳐낸다.

2. 시선은 불변하고 신법은 오른쪽으로 돌려 가슴을 서남쪽으로 향한다. 왼쪽 다리는 발뒤꿈치를 축으로 발끝을 안쪽으로 감고 고관절의 경을 가라앉힌다. 오른쪽 다리는 서북쪽으로 퇴보로 당기고 경을 가라앉혀 마보를 만든다. 오른쪽 권은 순전하여 팔꿈치를 뒤로 치고 권심은 위쪽을 향한다. 왼쪽 권은 역전하여 안쪽 위로 원을 그리고 호근으로 모은 후 순전하여 남쪽 호첨으로 탄두경을 실어 충권으로 치고

권심은 위쪽을 향한다.

작용: **퇴보우주법(退步右肘法)**
나는 탄두경을 흔들어 상대가 껴안은 것을 무력화하고 오른쪽 다리를 당겨 오른쪽 팔꿈치로 상대의 오른쪽 늑골 부위를 공격한다.

3. 시선은 불변하고 신법은 왼쪽으로 돌려 가슴을 동남쪽으로 향한다. 왼쪽 다리는 경을 가라앉혀 고관절 내측을 접고 보형은 불변한다. 왼쪽 권은 역전하여 왼쪽 팔꿈치를 등 뒤로 치고 권심은 위로 향한다. 오른쪽 권은 순전하여 동북쪽 호첨으로 탄두경을 실어 충권으로 치고 권심은 위로 향한다.

작용: **좌주붕법(左肘掤法)**
상대가 빠르게 움직여 나의 팔꿈치 공격을 무력화하면 나는 즉시 연환하여 왼쪽 팔꿈치로 상대의 늑골 부위를 공격한다.

32. 벽가자(劈架子)

모두 2개의 분해 동작이다.

1. 시선은 남쪽을 보고 신법은 오른쪽으로 돌려 가슴을 서남쪽으로 향한다. 왼쪽 다리는 고관절의 경을 가라앉히고 오른쪽 다리는 왼발 뒤쪽으로 당긴다. 왼쪽 권은 순전하여 배꼽 부위로 모으고 권심은 배꼽 부위를 향한다. 오른쪽 권은 순전하여 바깥쪽 아래로 원을 그리며 호근으로 모으고 권심은 동북쪽으로 향한다.

작용: 좌붕법(左掤法)
만약 상대가 전방에서 오른쪽 권으로 나의 복부를 공격하면 나는 오른발을 당겨 모으고 왼팔로 오른쪽 권의 공격을 한쪽으로 밀어내어 무력화하고 오른쪽 권은 몸을 방어한다.

2. 시선은 불변하고 신법을 왼쪽으로 돌려 가슴을 서남쪽으로 향한다. 오른쪽 다리는 경을 가라앉히고 왼쪽 다리는 남쪽으로 나아가 고관절의 경을 가라앉혀 마보를 만든다. 오른쪽 권은 신법을 따라 역전하여 바깥쪽 아래로 원을 그리고 서북쪽 호저로 펼치고 권심은 아래를 향한다. 왼쪽 권은 역전시켜 바깥쪽 아래로 원을 그리고 남쪽 호첨으로 들어 올리고 권심은 아래쪽을 향한다.

작용: 진보우채좌제법(進步右採左擠法)

오른손으로 상대에 오른쪽 손목을 돌려 잡아당기고 왼쪽 다리는 동시에 진보로 나아가 왼쪽 권으로 상대의 당부를 올려 친다.

33. 번화무수(翻花舞袖)

이 식은 모두 4개의 분해 동작이다.

1. 시선은 남쪽을 보고 신법은 불변하여 가슴을 서남쪽으로 향한다. 오른쪽 다리는 경을 가라앉혀 고관절을 내측으로 접고 왼쪽 다리는 오른발 내측으로 당겨 마보를 만든다. 왼쪽 권은 순전하여 안쪽 아래로 원을 그리며 호저로 모으고 권심은 위쪽을 향한다. 오른쪽 손은 역전하여 권형으로 만들고 바깥쪽 아래로 원을 그리며 서북쪽 호첨으로 펼치고 권심은 아래쪽을 향한다.

작용: 좌수붕법좌소법(左手掤法左掃法)

상대가 당부를 빠르게 당겨 공격을 무력화하면 나는 상대의 흐름을 타고 왼팔로 상대의 오른팔을 눌러 당기며 왼발로 상대의 오른쪽 발뒤꿈치를 걸어 뒤쪽으로 쓸어 당긴다.

2. 시선은 서남쪽을 보고 신법은 오른쪽으로 돌리고 다시 왼쪽으로 돌려 가슴을 동남쪽으로 향한다. 왼쪽 다리는 신법을 오른쪽으로 돌릴 때 무릎을 들고 오른쪽 다리는 동시에 지면을 밟으며 위로 뛰어오르고 다시 신법을 왼쪽으로 돌릴 때 왼쪽 다리를 동북쪽으로 내리고 발끝은 동남쪽으로 향한다. 오른쪽 다리는 서남쪽을 향해

내려 마보를 만든다. 왼손은 신법을 오른쪽으로 돌릴 때 역전하여 안쪽 아래로 원을 그리고 호근으로 모으고 다시 왼쪽으로 돌릴 때 순전하여 파형으로 만들고 배꼽 부위로 당겨 파심은 아래쪽을 향한다. 오른쪽 권은 신법을 오른쪽으로 돌릴 때 순전하여 바깥쪽 위로 원을 그리며 서북쪽 호정으로 올리고 다시 신법을 왼쪽으로 돌릴 때 서남쪽 호저로 내려치고 권심은 동남쪽을 향한다.

작용: 도섬등붕법좌채우열법(倒閃蹬掤法左采右挒法)
상대가 무릎을 빠르게 들어 나의 소법 공격을 무력화하고 다시 왼손으로 밀어 공격하면 상대의 흐름을 타고 왼쪽 손목을 돌려 잡고 빠르게 위로 뛰어올라 무력화하고 몸을 아래로 내리며 상대의 왼손을 당기고 오른쪽 권으로 상대의 왼쪽 팔꿈치 관절을 공격한다.

3. 시선은 불변하고 신법은 왼쪽으로 돌려 동남쪽으로 향한다. 왼쪽 다리는 고관절의 경을 가라앉혀 견고하게 세우고 오른쪽 다리는 무릎을 들어 독립보를 만든다. 오른쪽 권은 가슴 부위로 탄두경으로 흔들어 모으고 권심은 아래쪽을 향한다. 왼손은 순전하여 권형을 만들고 호첨으로 펼치고 권심은 위쪽을 향한다.

작용: 좌채우주굉두탄열법(左采右肘肱抖彈挒法)

상대가 팔꿈치를 가라앉혀 제법으로 나의 공격을 무력화하면 상대의 흐름을 타고 왼손으로 상대의 왼쪽 손목을 돌려 잡아당기고 동시에 오른쪽 팔꿈치와 전완 부위로 상대의 왼쪽 팔꿈치 관절을 탄두경으로 공격한다.

4. 시선은 불변하고 신법은 오른쪽으로 돌려 가슴을 서남쪽으로 향한다. 양쪽 다리는 먼저 오른발을 내리고 다시 왼발을 내려 경을 가라앉히며 마보를 만든다. 오른손은 장형으로 만들고 배꼽 부위로 내리며 손바닥은 아래쪽을 향하고 중지는 서로 교차하여 비스듬히 치켜세운다. 왼손은 순전하여 위로 원을 그리며 호정을 지나 배꼽 부위로 당겨 오른쪽 손목 위에 겹쳐 모으고 손바닥은 아래쪽을 향하고 중지는 비스듬히 치켜세운다.

작용: 포전열법(抱纏挒法)

상대가 오른손으로 나의 오른쪽 손목을 돌려 잡고 안법으로 나의 공격을 무력화하면 상대의 흐름을 타고 팔꿈치를 가라앉히고 손목을 치켜세워 상대의 오른쪽 손목을 돌려 잡고 상체의 지렛대 힘을 빌어 왼손은 뒤로 감아 안고 오른손은 앞으로 감아 안아 열십자 형태의 매듭식 열법을 만든다.

34. 엄수굉추(掩手肱捶)

이 식은 모두 2개의 분해 동작이다.

1. 시선은 서남쪽을 보고 신법은 오른쪽으로 돌려 가슴을 서쪽으로 향한다. 오른쪽

고관절의 경을 가라앉혀 내측으로 접고 보형은 불변한다. 왼손은 역전하여 장형으로 만들어 아래로 원을 그리고 서남쪽 호첨으로 펼치며 손바닥은 위로 향하고 중지는 서남쪽으로 비스듬히 치켜세운다. 오른손은 역전하여 아래로 원을 그리고 호근 위로 들어 손바닥은 위로 향하고 중지는 위로 비스듬히 치켜세운다.

작용: 좌제우인붕법(左擠右引掤法)
상대가 포전열법을 무력화하고 제법으로 나의 아랫배를 공격하면 그 흐름을 따라 신법을 오른쪽으로 돌리고 왼쪽 팔꿈치로 상대의 오른쪽 팔꿈치를 제법으로 밀고 상대의 오른쪽 제법을 무력화한다. 오른손은 호근으로 당겨 힘을 모은다.

2. 시선은 불변하고 신법은 왼쪽으로 돌려 가슴을 남쪽으로 향한다. 왼쪽 다리는 고관절의 경을 가라앉혀 접고 마보를 지나 측마보를 만든다. 왼손은 역전하여 배꼽 부위로 당겨 파형을 만들고 파심은 아래를 향한다. 오른손은 주먹을 쥐어 서남쪽 호첨으로 역전하여 권을 내지르고 권심은 아래를 향한다.

작용: 좌채우굉탄두열법(左采右肱彈抖挒法)
상대가 팔꿈치를 가라앉혀 나의 공격을 무력화하고 왼손으로 나의 왼쪽 손목을 돌려 잡으면 그 흐름을 타고 왼손을 뒤집어 상대의 손목을 돌려 잡아 배꼽 부위로 당기며 오른쪽 권은 상대의 복부 혹은 늑골 부위를 공격한다. 상대방이 왼쪽 팔꿈치

를 가라앉혀 나의 오른쪽 팔꿈치를 막아 권의 공격을 무력화하면 나는 오른쪽 권
에 힘을 가해 오른쪽 이두근 부위로 탄두경을 만들어 상대의 왼쪽 팔꿈치 관절을
분력으로 공격한다.

35. 복호(伏虎)

모두 4개의 분해 동작이다.

1. 시선은 서쪽을 보고 신법은 왼쪽으로 돌려 가슴을 동남쪽으로 향한다. 왼쪽 다리는
   경을 가라앉혀 견고하게 세우고 오른쪽 다리는 서북쪽으로 옮겨 궁보를 만든다. 오
   른쪽 권은 역전하여 장형으로 만들고 서남쪽 호첨으로 밀고 손바닥은 서북쪽을 향
   하고 중지는 위로 비스듬히 치켜세운다. 왼쪽 파형은 역전하여 장형으로 만들고 동
   북쪽 호저로 누르고 손바닥은 아래쪽을 향하며 중지는 비스듬히 위로 치켜세운다.

작용: 우활질섬나법(右滑跌閃挪法)
만약 상대가 나의 후방에서 양손으로 나의 어깨 쪽을 눌러 밀어 오면 나는 우측으
로 빠르게 미끄러지듯 움직이고 상대 안법의 공격을 무력화하고 동시에 오른쪽 다
리로 상대의 무릎 관절을 뒤쪽으로 튕겨 공격한다.

2. 시선은 불변하고 신법은 오른쪽으로 돌려 가슴을 서쪽으로 향한다. 오른쪽 다리는
   고관절의 경을 가라앉혀 마보를 만든다. 오른쪽 손은 순전하여 권형으로 만들고
   오른쪽 팔꿈치를 뒤로 치고 권심은 아래쪽을 향한다. 왼손은 순전하여 서남쪽 호
   첨으로 치고 손바닥은 위쪽을 향하고 중지는 위로 비스듬히 치켜세운다.

작용: 우주법(右肘法)

상대가 나의 오른쪽 다리의 탄두공격을 무력화하면 즉시 오른쪽 팔꿈치로 상대의
몸통 부위를 팔꿈치로 치며 공격하고 왼손은 협조하여 배합한다.

주

이 동작에서 발력은 다른 동작보다 명확해야 하고 전후 및 좌우 방향의 균일하게 합일되는 공력을 사용해
야 한다.

3. 시선은 불변하고 신법은 먼저 오른쪽으로 돌리고 다시 왼쪽으로 돌려 가슴을 서쪽
으로 향한다. 양쪽 다리의 보형은 불변한다. 오른쪽 권은 신법을 오른쪽으로 돌릴
때 역전하여 동북쪽 호첨으로 펼치고 다시 왼쪽으로 돌릴 때 순전하여 안쪽 위로
원을 그리며 오른뺨 부위로 감아 당기고 권심은 서남쪽을 향한다. 왼손은 신법을
오른쪽으로 돌릴 때 역전하여 오른쪽 팔꿈치 앞쪽으로 당기며 다시 왼쪽으로 돌릴
때 호근으로 모으고 파형으로 만들어 파심은 아래를 향한다.

작용: 좌채우도붕법(左采右挑掤法)

상대가 빠르게 몸을 옆으로 비껴 오른쪽 팔꿈치 공격을 무력화하면 왼손으로 상대
의 왼쪽 손목을 돌려 잡고 호근으로 당기고 동시에 오른쪽 전완으로 상대의 왼쪽

팔꿈치 관절을 위로 들어 올린다.

4. 시선은 남쪽을 보고 신법은 왼쪽으로 돌려 가슴을 남쪽으로 향한다. 왼쪽 다리는 고관절의 경을 가라앉혀 내측으로 접고 보형은 불변한다. 왼손은 순전하여 배꼽 부위로 당기고 파심은 아래쪽을 향한다. 오른손은 역전하여 전완 부위로 서남쪽 호정으로 치고 권심은 북쪽으로 향한다.

작용: 좌채우굉고열법(左采右肱靠挒法)

상대가 몸을 위로 빼는 방법으로 나의 공격을 무력화하면 왼손으로 상대의 왼쪽 손목을 잡아 배꼽 부위로 당기고 동시에 오른쪽 전완 부위로 상대의 왼쪽 팔꿈치 관절을 친다.

36. 말미굉(抹眉肱)

모두 2개의 분해 동작이다.

1. 시선은 남쪽을 보고 신법은 오른쪽으로 돌려 가슴을 서쪽으로 향한다. 오른쪽 다리는 고관절의 경을 가라앉혀 내측을 접고 보형은 불변한다. 오른쪽 권은 순전하여 팔꿈치를 뒤로 치고 권심은 위쪽을 향한다. 왼쪽 권은 순전하여 남쪽 호첨으로 탄두경을 실어 충권으로 치고 권심은 위쪽을 향한다.

작용: 우주법(右肘法)

만약 상대가 뒤쪽에서 껴안으면 탄두경으로 흔들어 무력화하고 오른쪽 다리를 당겨 오른쪽 팔꿈치로 상대의 오른쪽 늑골 부위를 공격한다.

2. 시선은 남쪽을 보고 신법은 위로 들어 왼쪽으로 몸을 돌리고 가슴을 동남쪽으로 향한다. 오른쪽 다리는 무릎을 들고 왼쪽 다리를 지면에서 밀어 올려 동남쪽으로 뛰어올라 공중에서 몸을 돌리고 오른발을 지면에 내리고 다시 왼발을 서남쪽으로 내려 마보를 만든다. 오른손은 역전하여 장형으로 만들고 남쪽 호정으로 치고 신법을 뒤로 돌려 동북쪽 호정으로 펼치고 손바닥은 북쪽을 향하고 중지는 비스듬히 위로 치켜세운다. 왼쪽 권은 역전하여 배꼽 부위로 당기고 파형으로 만들어 파심은 아래쪽을 향한다.

작용: 좌채우굉고열법(左采右肱靠挒法)

상대가 복부를 빠르게 당기고 나의 공격을 무력화하면 앞쪽 위로 뛰어올라 왼손으로 상대의 왼쪽 손목을 돌려 잡고 앞으로 뛰어오르는 관성의 힘을 빌어 오른쪽 팔뚝으로 상대의 왼쪽 팔꿈치 관절을 탄두경으로 공격한다.

37. 우단운수(右單雲手)

모두 5개의 분해 동작이다.

1. 시선은 동북쪽을 보고 신법은 먼저 오른쪽으로 돌리고 다시 왼쪽으로 돌려 가슴을 서북쪽으로 향한다. 왼쪽 다리는 신법을 오른쪽으로 돌릴 때 서남쪽으로 퇴보로 빼고 오른쪽 다리는 신법을 왼쪽으로 돌릴 때 당겨 마보를 만든다. 왼손은 배꼽 부위로 당겨 파형을 만들고 파심은 아래쪽을 향한다. 오른손은 신법을 오른쪽으로 돌릴 때 역전시켜 바깥쪽 위로 원을 그리며 동북쪽 호첨으로 펼치고 다시 왼쪽으로 돌릴 때 안쪽 아래로 원을 그리며 호저로 당기고 손바닥은 서북쪽을 향하고 중지는 위로 비스듬히 치켜세운다.

작용: 퇴보우랄붕법(退步右捋掤法)
상대가 나의 오른쪽에서 양손으로 밀어 공격하면 나는 퇴보로 빠지며 신법을 왼쪽으로 돌려 상대의 공격을 무력화시킨다.

2. 시선은 불변하고 신법은 먼저 왼쪽으로 돌리고 다시 오른쪽으로 돌려 가슴을 북쪽으로 향한다. 오른쪽 다리는 신법을 왼쪽으로 돌릴 때 동북쪽으로 나아가 측마보를 지나 다시 신법을 오른쪽으로 돌릴 때 오른쪽 고관절의 경을 가라앉히며 왼쪽 다리를 당겨 마보를 만든다. 왼손은 배꼽 부위로 당겨 파형을 만들고 파심은 아래쪽을 향한다. 오른손은 신법을 오른쪽으로 돌릴 때 역전하여 바깥쪽 위로 원을 그리며 동북쪽 호정으로 펼치고 손바닥은 북쪽을 향하고 중지는 위로 비스듬히 치켜세운다.

작용: 우진보고주제법(右進步靠肘擠法)

상대의 공세를 랄법으로 무력화한 후 상대가 다시 손을 당겨 방어하려 하면 그 흐름을 타고 진보로 나아가 오른쪽 어깨, 팔꿈치, 손으로 연환하여 상대의 몸통 부위를 공격한다.

3. 시선은 동북쪽을 보고 신법은 먼저 오른쪽으로 돌리고 다시 왼쪽으로 돌려 가슴을 서북쪽으로 향한다. 왼쪽 다리는 신법을 오른쪽으로 돌릴 때 서남쪽으로 퇴보로 빼고 오른쪽 다리는 신법을 왼쪽으로 돌릴 때 당겨 마보를 만든다. 왼손은 배꼽 부위로 당겨 파형을 만들고 파심은 아래쪽을 향한다. 오른손은 신법을 오른쪽으로 돌릴 때 역전시켜 바깥쪽 위로 원을 그리며 동북쪽 호첨으로 펼치고 다시 신법을 왼쪽으로 돌릴 때 안쪽 아래로 원을 그리며 호저로 당기고 손바닥은 서북쪽을 향하고 중지는 위로 비스듬히 치켜세운다.

작용: 퇴보우랄붕법(退步右挒掤法)

상대가 나의 오른쪽에서 양손으로 밀어 공격하면 나는 퇴보로 빠지며 신법을 왼쪽으로 돌려 상대의 공격을 무력화시킨다.

4. 시선은 불변하고 신법은 먼저 왼쪽으로 돌리고 다시 오른쪽으로 돌려 가슴을 북쪽으로 향한다. 오른쪽 다리는 신법을 왼쪽으로 돌릴 때 동북쪽으로 나아가 측마보를 지나 다시 신법을 오른쪽으로 돌릴 때 오른쪽 고관절의 경을 가라앉히며 왼쪽 다리를 당겨 마보를 만든다. 왼손은 배꼽 부위로 당겨 파형을 만들고 파심은 아래쪽을 향한다. 오른손은 신법을 오른쪽으로 돌릴 때 역전하여 바깥쪽 위로 원을 그리며 동북쪽 호정으로 펼치고 손바닥은 북쪽을 향하고 중지는 위로 비스듬히 치켜세운다.

작용: 우진보고주제법(右進步靠肘擠法)
상대의 공세를 랄법으로 무력화한 후 상대가 다시 손을 당겨 방어하려 하면 그 흐름을 타고 진보로 나아가 오른쪽 어깨, 팔꿈치, 손으로 연환하여 상대의 몸통 부위를 공격한다.

5. 시선은 동북쪽을 보고 신법은 먼저 오른쪽으로 돌리고 다시 왼쪽으로 돌려 가슴을 서북쪽으로 향한다. 왼쪽 다리는 신법을 오른쪽으로 돌릴 때 서남쪽으로 퇴보로 빼고 오른쪽 다리는 신법을 왼쪽으로 돌릴 때 당겨 마보를 만든다. 왼손은 배꼽 부위로 당겨 파형을 만들고 파심은 아래쪽을 향한다. 오른손은 신법을 오른쪽으로 돌릴 때 역전시켜 바깥쪽 위로 원을 그리며 동북쪽 호첨으로 펼치고 다시 왼쪽으로 돌릴 때 안쪽 아래로 원을 그리며 호저로 당기고 손바닥은 서북쪽을 향하고 중지는 위로 비스듬히 치켜세운다.

작용: 퇴보우랄붕법(退步右捋掤法)

상대가 나의 오른쪽에서 양손으로 밀어 공격하면 나는 퇴보로 빠지며 신법을 왼쪽으로 돌려 상대의 공격을 무력화시킨다.

38. 요보참수(拗步斬手)

모두 1개의 동작이다.

1. 시선은 북쪽을 보고 신법은 오른쪽으로 돌려 가슴을 동북쪽으로 향한다. 왼쪽 다리는 고관절의 경을 가라앉혀 견고하게 세우고 오른쪽 다리는 무릎을 들어 발끝을 오른쪽으로 돌려 내리고 헐보를 만든다. 오른손은 역전하여 호근으로 모으고 다시 오른발을 내릴 때 순전하여 배꼽 부위로 당겨 파형을 만들고 파심은 아래쪽을 향한다. 왼손은 오른쪽 무릎을 위로 들어올릴 때 역전하여 호근으로 모으고 다시 오른발을 내릴 때 순전하여 전완을 호저로 펼친다. 손바닥은 동쪽을 향하고 중지는 위로 비스듬히 치켜세운다.

작용: 요보열법(拗步挒法)

만약 상대가 전방에서 오른쪽 권으로 나의 사타구니를 공격하면 나는 즉시 오른쪽 무릎을 들어올려 당부를 보호하고 오른손으로 상대의 오른쪽 손목을 돌려 잡고 배꼽 부위로 당기고 오른쪽 다리를 내리며 왼쪽 전완 외측으로 상대의 오른쪽 팔꿈치 관절을 탄두경으로 내리친다.

주

전완 외측을 칼날 부위와 같이 생각하고 상대방의 오른쪽 관절을 베어내듯 내리친다.

39. 좌단운수(左單雲手)

모두 6개의 분해 동작이다.

1. 시선은 동북쪽을 보고 신법은 오른쪽으로 돌려 가슴을 동남쪽으로 향한다. 오른쪽 다리는 고관절의 경을 가라앉히고 왼쪽 다리는 북쪽으로 한 발 나아가 측마보를 만든다. 오른손은 배꼽 부위로 당겨 파형으로 만들고 파심은 아래쪽을 향한다. 왼손은 순전하여 안쪽 아래로 원을 그리며 호근으로 모으고 손바닥은 서남쪽을 향하고 중지는 위로 비스듬히 치켜세운다.

작용: 진보좌랄고붕법(進步左捋靠掤法)

상대가 팔꿈치를 가라앉혀 제법으로 공격하면 신법을 오른쪽으로 돌리고 왼쪽 다리가 나아가 왼쪽 전완으로 상대의 오른쪽 전완을 밀어내고 왼쪽 어깨로 상대의 몸통 부위를 공격한다.

2. 시선은 불변하고 신법은 왼쪽으로 돌려 가슴을 북쪽으로 향한다. 왼쪽 다리는 고관절의 경을 가라앉히고 오른쪽 다리를 당겨 마보를 만든다. 오른손은 배꼽 부위에서 장형으로 만들어 밀고 손바닥은 서북쪽으로 향하고 중지는 위로 비스듬히 치켜세운다. 왼손은 역전하여 바깥쪽 위로 원을 그리며 동북쪽 호정으로 펼치고 손바닥은 북쪽을 향하며 중지는 위로 비스듬히 치켜세운다.

작용: 좌진보고주제법(左進步靠肘擠法)

상대의 오른쪽 제법의 공세를 랄법으로 무력화한 후 상대가 다시 손을 당겨 방어하려 하면 상대의 흐름을 타고 진보로 나아가 왼쪽 어깨, 팔꿈치, 손으로 연환하여 상대의 몸통 부위를 공격한다.

3. 시선은 동북쪽을 보고 신법은 먼저 왼쪽으로 돌리고 다시 오른쪽으로 돌려 가슴을 동북쪽으로 향한다. 오른쪽 다리는 신법을 왼쪽으로 돌릴 때 동남쪽으로 퇴보로 빼고 왼쪽 다리는 신법을 오른쪽으로 돌릴 때 당겨 마보를 만든다. 오른손은 배꼽 부위로 당겨 파형으로 만들고 파심은 아래쪽을 향한다. 왼손은 신법을 왼쪽으로 돌릴 때 역전하여 바깥쪽 위로 원을 그리고 동북쪽 호첨으로 펼치고 다시 신법을 따라 오른쪽으로 돌릴 때 안쪽 아래로 원을 그리며 호저를 당기고 손바닥은 동북쪽을 향하며 중지는 위로 비스듬히 치켜세운다.

작용: 퇴보좌랄붕법(退步左将掤法)
상대가 나의 왼쪽에서 양손으로 밀어 공격하면 나는 퇴보로 빠지며 신법을 오른쪽으로 돌려 양손 안법의 공세를 무력화시킨다.

4. 시선은 불변하고 신법은 왼쪽으로 돌려 가슴을 북쪽으로 향한다. 왼쪽 다리는 고관절의 경을 가라앉히고 오른쪽 다리를 당겨 마보를 만든다. 오른손은 배꼽 부위에서 장형으로 만들어 밀고 손바닥은 서북쪽으로 향하고 중지는 위로 비스듬히 치켜세운다. 왼손은 역전하여 바깥쪽 위로 원을 그리며 동북쪽 호정으로 펼치고 손바닥은 북쪽을 향하며 중지는 위로 비스듬히 치켜세운다.

작용: 좌진보고주제법(左進步靠肘擠法)
상대의 오른쪽 제법의 공세를 랄법으로 무력화한 후 상대가 다시 손을 당겨 방어하려 하면 상대의 흐름을 타고 진보로 나아가 왼쪽 어깨, 팔꿈치, 손으로 연환하여 상대의 몸통 부위를 공격한다.

5. 시선은 동북쪽을 보고 신법은 먼저 왼쪽으로 돌리고 다시 오른쪽으로 돌려 가슴을 동북쪽으로 향한다. 오른쪽 다리는 신법을 왼쪽으로 돌릴 때 동남쪽으로 퇴보로 빼고 왼쪽 다리는 신법을 오른쪽으로 돌릴 때 당겨 마보를 만든다. 오른손은 배꼽 부위로 당겨 파형으로 만들고 파심은 아래쪽을 향한다. 왼손은 신법을 왼쪽으로 돌릴 때 역전하여 바깥쪽 위로 원을 그리고 동북쪽 호첨으로 펼치고 다시 신법을 따라 오른쪽으로 돌릴 때 안쪽 아래로 원을 그리며 호저를 당기고 손바닥은 동북쪽을 향하며 중지는 위로 비스듬히 치켜세운다.

작용: 퇴보좌랄붕법(退步左捋掤法)

상대가 나의 왼쪽에서 양손으로 밀어 공격하면 나는 퇴보로 빠지며 신법을 오른쪽으로 돌려 양손 안법의 공세를 무력화시킨다.

6. 시선은 불변하고 신법은 오른쪽으로 돌리고 다시 왼쪽으로 돌려 가슴을 동쪽으로 향한다. 오른쪽 다리는 고관절의 경을 가라앉히고 왼쪽 다리는 북쪽으로 한 발 나아가 마보를 만든다. 양손은 가슴 앞 호근으로 모아 위로 순전하여 원을 그리며 오른손은 남쪽 호첨으로, 왼손은 북쪽 호첨으로 펼치고 양손 손바닥은 동쪽을 향하고 중지는 위로 비스듬히 치켜세운다.

작용: 진보좌랄제법(進步左捋擠法)

상대가 계속 밀어 공격하면 나는 랄법으로 무력화하며 왼발이 한 발 나아가 양팔을 위에서 내리며 왼쪽 제법으로 상대의 몸통 부위를 공격한다.

40. 좌충(左冲)

모두 3개의 분해 동작이다.

1. 시선은 북쪽을 보고 신법은 불변하여 가슴을 동쪽으로 향한다. 오른쪽 다리는 고관절의 경을 가라앉혀 견고하게 세우고 왼쪽 다리는 오른발 내측으로 쓸어 당겨 마보를 만든다. 양손은 권형으로 만들고 역전하여 원을 그리며 양쪽 고관절 부위로 당겨 모으고 권심은 아래쪽을 향한다.

작용: 좌굉소법(左肱埽法)
상대가 가슴을 뒤로 빼며 무력화하면 왼쪽 다리를 쓸어 당기고 왼쪽 팔뚝과 팔꿈치로 상대가 중심을 잃도록 공격한다.

2. 시선과 신법은 불변한다. 오른쪽 다리는 고관절의 경을 가라앉혀 견고하게 세우고 왼쪽 다리는 무릎을 들어 독립보를 만든다. 양손은 역전하여 호근으로 모아 권면이 마주 보게 하고 권심은 아래를 향한다.

작용: 좌퇴붕법(左腿掤法)

상대방이 오른쪽 다리를 들며 공격을 무력화하면 나는 그 흐름을 타고 상대의 발을 걸어 올린다.

3. 시선과 신법은 불변한다. 오른발은 고관절의 경을 가라앉혀 견고하게 세우고 왼발은 상대의 북쪽 아래로 찬다. 왼손은 팔꿈치를 가라앉혀 역전하여 북쪽 호저로 펼치고 오른손은 팔꿈치를 가라앉혀 역전하여 남쪽 호정으로 펼치며 권심은 모두 위쪽을 향한다.

작용: 좌퇴쌍수붕법(左腿雙手掤法)

상대방이 퇴법으로 공격하려 하면 즉시 퇴법으로 상대의 무릎 부위를 공격하며 양손을 펼쳐 협조하여 배합한다.

41. 하쌍당추(下雙撞捶)

모두 2개의 분해 동작이다.

1. 시선은 북쪽을 보고 신법은 불변하여 가슴을 동북쪽으로 향한다. 오른쪽 다리는 고관절의 경을 가라앉혀 견고하게 세우고 왼쪽 다리는 무릎을 접어 독립보를 만든다. 양손은 역전하여 원을 그리며 가슴 앞으로 당겨 모으고 권심은 아래를 향한다.

작용: 좌붕법(左掤法)

상대가 나의 퇴법을 붕화하여 오른쪽 다리가 앞으로 나오며 오른손으로 공격하면 왼쪽 팔뚝으로 걷어낸다.

2. 시선은 불변하고 신법은 왼쪽으로 돌려 가슴을 북쪽으로 향한다. 왼쪽 다리는 북쪽으로 한 발 나아가고 오른발은 근보로 당겨 마보를 만든다. 양손은 순전하여 원을 그리며 북쪽 호저로 내려친다. 양손의 권심은 위쪽을 향한다.

작용: 좌제법(左擠法)

상대가 나의 공격을 무력화하면 상대의 오른쪽 다리 뒤쪽으로 나아가며 왼손으로 상대의 복부를 제법으로 공격한다.

42. 우충(右沖)

모두 3개의 분해 동작이다.

1. 시선은 북쪽을 보고 신법은 왼쪽으로 돌려 가슴을 서쪽으로 향한다. 왼쪽 다리는 경을 가라앉히고 발뒤꿈치를 축으로 발끝을 바깥쪽으로 돌리고 오른쪽 다리는 북쪽으로 쓸어 당겨 어깨너비의 마보를 만든다. 양손은 양쪽 고관절 부위로 모으고 권심은 아래를 향한다.

작용: 진보우붕법(進步右掤法)

상대가 몸을 웅크리며 나의 제법을 무력화하며 발을 뒤로 빼고 다시 오른팔을 밀어 공격하면 그 흐름을 타고 손을 역전하여 합치고 상대의 안법을 무력화시킨다. 오른쪽 다리는 소법으로 당겨 상대가 중심을 잃게 한다.

2. 시선, 신법, 가슴의 방향은 불변한다. 왼쪽 다리는 고관절의 경을 가라앉히고 견고하게 세우며 오른쪽 다리는 무릎을 들어 독립보를 만든다. 양손은 권형을 만들고 배꼽 부위에서 호근으로 들어 올리고 양쪽 권심은 아래를 향한다.

작용: 우퇴상제괘면각법(右腿上提挂面脚法)

상대가 나의 공격을 무력화하고 다시 왼쪽 무릎을 들어 등퇴로 나의 오른쪽 정강이 혹은 무릎 관절을 공격하면 오른쪽 무릎을 들어 발등을 상대의 오른쪽 발바닥에 붙이고 왼쪽 다리의 등각 공격을 무력화한다.

3. 시선, 신법, 가슴의 방향은 불변한다. 왼쪽 다리는 견고히 세우고 오른쪽 다리는 발바닥 외측에 역점을 두고 북쪽으로 찬다. 양쪽의 권은 순전하여 바깥쪽 위로 원을 그리며 오른쪽 권은 북쪽 호저로 오른쪽 무릎 위에 튕겨내듯 치고 왼쪽 권은 남쪽 호정으로 튕겨내듯 친다. 양쪽 권심은 위쪽을 향한다.

작용: 우퇴등단법(右腿蹬踹法)
상대의 등각공격을 무력화한 다음 즉시 오른쪽 다리의 등각법으로 상대가 지탱하고 있는 오른쪽 다리 무릎 관절을 공격한다.

43. 해저번화(海底翻花)

모두 2개의 분해 동작이다.

1. 시선은 북쪽을 보고 신법은 왼쪽으로 돌려 가슴을 서남쪽으로 향한다. 왼쪽 다리는 고관절 내측의 균형을 유지시켜 견고하게 세우고 오른쪽 다리는 무릎을 들어 당겨 독립보를 만든다. 왼쪽 권은 남쪽 호저로 치고 권심은 위로 향한다. 오른쪽 권은 역전하여 오른쪽 가슴 부위로 권을 감아 당기고 권심은 아래를 향한다.

작용: 우수횡발붕법(右手橫拔掤法)

만약 상대가 오른쪽을 잡아 안법으로 공격해 오면 그 흐름을 타고 오른쪽 전완에 들어오는 힘을 빌어 당기고 팔꿈치는 주붕으로 공격한다.

2. 시선은 동북쪽을 보고 신법은 오른쪽으로 돌려 가슴을 동북쪽으로 향한다. 왼쪽 다리는 신법을 따라 발뒤꿈치를 축으로 발끝을 안쪽으로 당긴다. 오른쪽 다리는 고정되나 다만 왼발의 회전과 더불어 합력을 일으킨다. 왼쪽 권은 역전하여 안쪽 위로 원을 그리며 왼뺨 부위로 감아 당기고 권심은 아래를 향한다. 오른쪽 권은 순전하여 동쪽 호저로 치고 권심은 위쪽을 향한다.

작용: 우수잡권제법(右手砸拳擠法)

상대가 내 주붕법의 공격을 무력화하면 나는 오른손을 아래로 흔들어 친다.

44. 엄수굉추(掩手肱捶)

모두 3개의 분해 동작이다.

1. 시선은 동북쪽을 보고 신법은 불변하고 가슴을 동북쪽으로 향한다. 양쪽 다리는 고관절의 경을 가라앉히고 마보를 유지한다. 양손은 역전하여 내려 누르고 왼손은 오른쪽 손목 위에 겹쳐 배꼽과 가까이 붙이며 중지는 서로 교차하여 비스듬히 치켜세운다.

작용: 포전열법(抱纏捯法)

상대가 오른손을 빼고 다시 나의 오른쪽 손목을 잡아 돌리면 그 흐름을 타고 왼손으로 상대의 오른손이 빠져나가는 것을 차단하며 팔꿈치를 가라앉혀 손목을 치켜세우고 상대의 오른쪽 손목을 돌려 잡아 상체의 지렛대 힘을 빌어 왼손은 뒤로 감아 안고 오른손은 앞으로 감아 안아 서로 간의 음양으로 조화롭게 교차 형태의 매듭식 열법(捯法)으로 공격한다.

2. 시선은 불변하고 신법은 오른쪽으로 돌려 가슴을 동쪽으로 향한다. 오른쪽 다리는 고관절의 경을 가라앉히고 양쪽 다리의 보형은 불변한다. 왼손은 역전하여 아래로 원을 그리며 동북쪽 호첨으로 펼치고 손바닥은 위로 향하고 중지는 동북쪽을 비스듬히 치켜세운다. 오른손은 역전하여 아래로 원을 그리며 호근으로 들어 올리고 손바닥은 서북쪽을 향하고 중지는 비스듬히 치켜세운다.

작용: 좌제우인붕법(左擠右引掤法)

상대가 팔꿈치를 가라앉혀 포전열법을 무력화하여 오른쪽 제법으로 아랫배를 공격하면 그 흐름을 타고 신법을 오른쪽으로 돌려 오른손은 상대의 힘을 붕법으로 이끌어 돌려 잡고 왼팔로 상대의 오른쪽 팔꿈치를 제법으로 밀어 상대의 공격을 무력화한다.

3. 시선은 불변하고 신법은 왼쪽으로 돌려 가슴을 북쪽으로 향한다. 양쪽 다리는 마보를 거쳐 측마보를 만든다. 왼손은 역전하여 배꼽 부위로 당겨 모으고 파형을 만들며 파심은 아래를 향한다. 오른손은 주먹을 쥐어 동북쪽 호첨으로 역전하여 권을 치고 권심은 아래를 향한다.

작용: 좌채우굉탄두열법(左采右肱彈抖捌法)

상대가 팔꿈치를 가라앉혀 공격을 무력화하고 왼손으로 나의 왼쪽 손목을 돌려 잡으면 그 흐름을 타고 왼손을 뒤집으며 상대의 손목을 돌려 잡고 배꼽 부위로 채법으로 당기며 오른쪽 권은 상대의 복부 혹은 늑골 부위를 공격한다. 상대이 왼쪽 팔꿈치를 가라앉혀 나의 오른쪽 팔꿈치를 막아 권의 공격을 무력화하면 권에 큰 힘을 가해 안쪽으로 자전시켜 이두근 부위에 탄두경을 만들고 상대의 왼쪽 팔꿈치 관절을 공격한다.

> **요점**

제2번 동작에서 오른손은 들어올렸을 시 손바닥, 발출 시 주먹을 쥐며 쳐낸다.

제3번 동작에서 신법을 왼쪽으로 돌릴 때 왼손은 구심력(음)을 빌어 잡아채고 오른쪽 권은 원심력(양)을 빌어 공격한다. 좌파, 우권과 양쪽 다리의 지탱하는 공력은 서로 음양, 상대, 상등에 합일이며 또한 발출하는 것은 태극권 동작과 공력이 서로 연결되는 것이다.

45. 소당퇴(掃蹚腿)

모두 5개의 분해 동작이다.

1. 시선은 북쪽을 보고 신법은 왼쪽으로 돌리고 가슴을 북쪽으로 향한다. 왼쪽 다리

는 고관절의 경을 가라앉히고 오른쪽 무릎을 들어 독립보를 만든다. 왼손은 역전하여 원을 그리며 북쪽 호정으로 들어 올리고 오른손은 순전하여 원을 그리며 가슴 앞 호근으로 모은다.

작용: 좌붕우슬타법(左掤右膝打法)
만약 상대가 오른손으로 나의 오른쪽 손목을 돌려 잡으면 그 흐름을 타고 상대의 오른쪽 손목을 돌려 잡고 왼손은 상대의 팔꿈치를 들어올린다. 오른쪽 다리는 무릎을 들어 상대의 복부를 가격한다.

2. 시선은 불변하고 신법은 오른쪽으로 돌려 가슴을 동남쪽으로 향한다. 왼쪽 다리는 고관절의 경을 가라앉혀 견고하게 세우고 오른쪽 다리는 진각으로 내린다. 오른손은 역전하여 가슴 앞 호근으로 당기고 권심은 아래를 향한다. 왼손은 순전하여 동쪽 호첨 부위로 치고 권심은 위로 향한다.

작용: 우채좌주열법(右采左肘挒法)
상대가 팔꿈치를 들어 나의 공격을 무력화하고 밀어 공격해 오면 나는 진각으로 내리며 오른손을 돌려 잡아 왼손의 열법으로 공격한다.

3. 시선은 동쪽을 보고 신법은 오른쪽으로 돌려 가슴을 남쪽으로 향한다. 왼쪽 다리는 발끝을 축으로 뒤꿈치를 들고 오른쪽 다리는 뒤꿈치를 축으로 발끝을 바깥쪽으로 돌려 헐보를 만든다. 양손은 원래 있는 자리에서 불변하고 다만 신법은 오른쪽으로 자전한다.

작용: 우전신우채열법(右轉身右采挒法)
상대방이 팔꿈치를 가라앉혀 제법으로 공격해 오면 신법을 오른쪽으로 돌리며 오른손의 구심력과 왼손의 원심력을 이용하여 공격한다.

4. 시선은 서남쪽을 보고 신법은 오른쪽으로 돌려 가슴을 서북쪽으로 향한다. 오른쪽 다리는 경을 가라앉혀 견고하게 세우고 왼쪽 다리는 발끝을 내측으로 감아 뒤꿈치를 지면에 붙여 원을 그리며 돌려 마보를 만든다. 양손은 불변하고 다만 신법에 따라 자전한다.

작용: 좌퇴소법(左腿掃法)
앞의 공격의 흐름을 타고 왼쪽 다리로 상대의 오른쪽 다리를 걸어 공격한다.

5. 시선은 서남쪽을 보고 신법은 오른쪽으로 돌려 가슴을 서남쪽으로 향한다. 오른쪽 다리는 뒤꿈치를 들어 발끝을 지면에 붙인 다음 원을 그리며 돌리고 왼쪽 다리는

뒤꿈치를 축으로 발끝을 내측으로 감아 마보를 만든다. 왼손은 원을 그리며 가슴 앞으로 당겨 모으고 오른손은 순전하여 가슴 앞으로 모은다. 손바닥은 서로 교차하며 비스듬히 아래를 향하고 중지는 비스듬히 치켜세운다.

작용: 우퇴소법(右腿掃法)
상대가 다리를 들어 내 왼쪽 퇴법의 공격을 무력화하면 신법을 오른쪽으로 돌려 오른발 소법으로 재차 공격한다.

46. 엄수굉추(掩手肱捶)

모두 3개의 분해 동작이다.

1. 시선은 서남쪽을 보며 신법은 불변하고 가슴을 서남쪽으로 향한다. 오른쪽 다리는 무릎을 높게 들고 진각으로 왼발 옆으로 내린다. 왼쪽 다리는 동시에 동남쪽으로 한 발 나아가 마보를 만든다. 왼손은 왼쪽으로 돌릴 때 역전하여 아래로 원을 그리며 배꼽 부위 아래로 내려 오른쪽 손목 위로 모으고 손바닥은 아래쪽을 향하고 중지는 위로 비스듬히 치켜세운다. 오른손은 오른쪽으로 돌릴 때 역전하여 배꼽 부위에서 모으고 손바닥은 아래쪽을 향하고 중지는 비스듬히 치켜세운다.

작용: 포전열법(抱纏挒法)

상대가 오른손을 빼고 다시 나의 오른쪽 손목을 잡아 돌리면 그 흐름을 타고 왼손으로 상대의 오른손이 빠져나가는 것을 차단하며 팔꿈치를 가라앉혀 손목을 치켜세우고 상대의 오른쪽 손목을 돌려 잡아 상체의 지렛대 힘을 빌어 왼손은 뒤로 감아 안고 오른손은 앞으로 감아 안아 서로 간의 음양으로 조화롭게 교차 형태의 매듭식 열법(挒法)으로 공격한다.

2. 시선은 서남쪽을 보고 신법은 오른쪽으로 돌려 가슴을 서쪽으로 향한다. 오른쪽 고관절의 경을 가라앉혀 내측으로 접고 보형은 불변한다. 왼손은 역전하여 장형으로 만들어 아래로 원을 그리고 서남쪽 호첨으로 펼치며 손바닥은 위로 향하고 중지는 서남쪽으로 비스듬히 치켜세운다. 오른손은 역전하여 아래로 원을 그리고 호근 위로 들어 손바닥은 위로 향하고 중지는 위로 비스듬히 치켜세운다.

작용: 좌제우인붕법(左擠右引掤法)

상대가 포전열법을 무력화하고 제법으로 나의 아랫배를 공격하면 그 흐름을 따라 신법을 오른쪽으로 돌리고 왼쪽 팔꿈치로 상대의 오른쪽 팔꿈치를 제법으로 밀고 상대의 오른쪽 제법을 무력화한다. 오른손은 호근으로 당겨 힘을 모은다.

3. 시선은 불변하고 신법은 왼쪽으로 돌려 가슴을 남쪽으로 향한다. 왼쪽 다리는 고관절의 경을 가라앉혀 접고 마보를 지나 측마보를 만든다. 왼손은 역전하여 배꼽 부위로 당겨 파형을 만들고 파심은 아래를 향한다. 오른손은 주먹을 쥐어 서남쪽 호첨으로 역전하여 권을 내지르고 권심은 아래를 향한다.

작용: 좌채우굉탄두열법(左采右肱彈抖挒法)

상대가 팔꿈치를 가라앉혀 나의 공격을 무력화하고 왼손으로 나의 왼쪽 손목을 돌려 잡으면 그 흐름을 타고 왼손을 뒤집어 상대의 손목을 돌려 잡아 배꼽 부위로 당기며 오른쪽 권은 상대의 복부 혹은 늑골 부위를 공격한다. 상대방이 왼쪽 팔꿈치를 가라앉혀 나의 오른쪽 팔꿈치를 막아 권의 공격을 무력화하면 나는 오른쪽 권에 힘을 가해 오른쪽 이두근 부위로 탄두경을 만들어 상대의 왼쪽 팔꿈치 관절을 분력으로 공격한다.

주의

이 동작에서 신법을 왼쪽으로 돌릴 때 왼손은 구심력(음)을 빌어 잡아채고 오른쪽 권은 원심력(음)을 빌어 공격한다. 좌파, 우권과 양쪽 다리에 지탱하는 공력은 서로 음양, 상대, 상등의 합일이며 또한 발출하는 것은 동작과 공력이 서로 연결되는 것이다.

47. 우권포추(右拳炮捶)

◇◇

모두 3개의 분해 동작이다.

1. 시선은 남쪽을 보고 신법은 오른쪽으로 돌려 가슴을 서쪽으로 향한다. 오른쪽 다리는 고관절의 경을 가라앉혀 견고하게 세우고 왼쪽 다리는 어깨너비로 끌어당긴다. 오른손은 순전하여 가슴 앞으로 당겨 모으고 권심은 위로 향한다. 왼손은 역전하여 남쪽 호첨으로 수평으로 펼치며 권심은 아래를 향한다.

작용: 우인채좌붕법(右引采左掤法)

상대가 오른손으로 밀어 공격하면 상대의 흐름을 따라 오른손의 공격을 이끌어 모으고 왼쪽 전완 부위로 상대의 팔꿈치를 차단하며 왼발 소법으로 상대의 오른발을 걸어 당겨 중심을 잃게 만든다.

2. 시선은 불변하고 신법은 먼저 오른쪽으로 돌리고 다시 왼쪽으로 돌려 가슴을 동북쪽으로 향한다. 왼쪽 다리는 신법을 오른쪽으로 돌리는 것에 따라 왼쪽 무릎을 들어 오른쪽 다리 뒤로 내리고 동시에 오른쪽 다리를 들어 남쪽으로 한 발 나아가 측마보를 만든다. 왼손은 오른쪽으로 돌릴 때 순전하여 호근으로 당기며 다시 파형으로 만들어 가슴 앞으로 모으고 파심은 위로 향한다. 오른손은 역전하여 아래로 원을 그리며 남쪽 호첨에서 가슴 앞으로 당겨 모으고 권심은 위로 향한다.

작용: 좌채우랄법(左采右捋法)

상대가 팔꿈치를 가라앉혀 공격을 무력화하고 제법으로 공격하면 그 흐름을 타고 상대의 왼쪽 손목을 돌려 잡고 왼손의 공격을 당겨 무력화시킨다.

3. 시선은 불변하고 신법은 오른쪽으로 돌려 가슴을 동남쪽으로 향한다. 오른쪽 다리

는 고관절의 경을 가라앉혀 마보를 만든다. 오른손은 역전하여 남쪽 호첨으로 펼치고 권심은 아래를 향한다. 왼손은 역전하여 가슴 앞으로 모으고 파심은 아래를 향한다.

작용: 우권제법(右拳擠法)

상대가 팔꿈치를 가라앉혀 랄법을 무력화하면 그 흐름을 타고 신법을 오른쪽으로 돌려 중심을 잃게 하고 제법으로 공격한다.

48. 좌권포추(左拳炮捶)

모두 2개의 분해 동작이다.

1. 시선은 불변하고 신법은 먼저 왼쪽으로 돌리고 다시 오른쪽으로 돌려 가슴을 서북쪽으로 향한다. 오른쪽 다리는 신법을 왼쪽으로 돌리는 것에 따라 무릎을 들어 왼쪽 다리 뒤로 내리고 동시에 왼쪽 다리를 들어 남쪽으로 한 발 나아가 측마보를 만든다. 오른손은 왼쪽으로 돌릴 때 순전하여 호근으로 당기며 다시 파형을 만들어 가슴 앞으로 모으고 파심은 위로 향한다. 왼손은 역전하여 아래로 원을 그리며 남쪽 호첨에서 가슴 앞으로 당겨 모으고 권심은 위로 향한다.

작용: 우채좌랄법(右採左挒法)

상대가 팔꿈치를 가라앉혀 랄법을 무력화하고 제법으로 공격하면 그 흐름을 타고 상대의 오른쪽 손목을 돌려 잡아 오른손의 공격을 당겨 무력화시킨다.

2. 시선은 불변하고 신법은 오른쪽으로 돌려 가슴을 서남쪽으로 향한다. 왼쪽 다리는 고관절의 경을 가라앉혀 마보를 만든다. 왼손은 역전하여 남쪽 호첨으로 펼치고 권심은 아래를 향한다. 오른손은 역전으로 가슴 앞으로 펼치고 파심은 아래를 향한다.

작용: 좌권제법(左拳擠法)

상대가 팔꿈치를 가라앉혀 랄법을 무력화하면 그 흐름을 타고 신법을 왼쪽으로 돌려 중심을 잃게 하고 제법으로 공격한다.

49. 진보측고(進步側靠)

모두 1개의 분해 동작이다.

1. 시선은 동남쪽을 보고 신법은 왼쪽으로 돌려 가슴을 동북쪽으로 향한다. 왼쪽 다리는 발뒤꿈치를 축으로 발끝을 바깥쪽으로 돌린다. 오른쪽 다리는 남쪽으로 한 발 나아가 마보를 만든다. 왼손은 남쪽 호첨에서 파형으로 만들어 팔꿈치를 늑간에 붙이며 배꼽 부위로 당기고 파심은 아래를 향한다. 오른손은 오른쪽 골반 부위로 내려 순전하고 손바닥은 동북쪽으로 향하며 중지는 앞쪽으로 비스듬히 치켜세운다.

작용: 진보좌채우굉고열법(進步左采右肱靠挒法)

상대가 뒤로 물러나며 오른쪽으로 돌려 나의 제법을 무력화하면 그 흐름을 타고
한 발 나아가 상대의 왼손을 돌려 잡아당기며 오른쪽 주·고·열법으로 공격한다.

50. 엄수굉추(掩手肱捶)

모두 3개의 분해 동작이다.

1. 시선은 동남쪽을 보고 도약 후 서남쪽을 보며 신법은 먼저 왼쪽으로 돌리고 다시
오른쪽으로 돌려 가슴을 서남쪽으로 향한다. 오른쪽 다리는 신법을 왼쪽으로 돌릴
때 동남쪽으로 무릎을 높게 들고 왼쪽 다리는 동시에 제자리에서 도약하여 동남쪽
으로 뛰어오른다. 오른쪽 다리를 지면에 내린 후 신법을 오른쪽으로 돌릴 때 왼쪽
다리가 동남쪽으로 나아가 측마보를 지나 마보를 만든다. 왼손은 왼쪽으로 돌릴
때 역전하여 바깥쪽 아래로 원을 그리며 호정을 지나 순전하여 배꼽 부위 아래로
내려 오른쪽 손목 위로 모으고 손바닥은 아래쪽을 향하고 중지는 위로 비스듬히
치켜세운다. 오른손은 왼쪽으로 돌릴 때 순전하여 배꼽 부위로 모으고 다시 오른
쪽으로 돌릴 때 역전하여 배꼽 부위에서 자전하여 손바닥은 아래쪽을 향하고 중지
는 위로 비스듬히 치켜세운다.

작용: 찬약좌붕우슬타법(躥躍左掤右膝打法)

상대가 왼쪽 팔꿈치를 가라앉혀 제법으로 공격하면 나는 신법을 오른쪽으로 돌려
열법으로 공격하고 상대의 오른쪽 손목을 돌려 잡고 동시에 뛰어올라 오른쪽 무릎
으로 상대의 당부를 위쪽으로 치고 왼손은 오른손과 협조하여 공격한다.

2. 시선은 서남쪽을 보고 신법은 오른쪽으로 돌려 가슴을 서쪽으로 향한다. 오른쪽
고관절의 경을 가라앉혀 내측으로 접고 보형은 불변한다. 왼손은 역전하여 장형으
로 만들어 아래로 원을 그리고 서남쪽 호첨으로 펼치며 손바닥은 위로 향하고 중
지는 서남쪽으로 비스듬히 치켜세운다. 오른손은 역전하여 아래로 원을 그리고 호
근 위로 들어 손바닥은 위로 향하고 중지는 위로 비스듬히 치켜세운다.

작용: 좌제우인붕법(左擠右引掤法)

상대가 포전열법을 무력화하고 제법으로 나의 아랫배를 공격하면 그 흐름을 따라
신법을 오른쪽으로 돌리고 왼쪽 팔꿈치로 상대의 오른쪽 팔꿈치를 제법으로 밀고
상대의 오른쪽 제법을 무력화한다. 오른손은 호근으로 당겨 힘을 모은다.

3. 시선은 불변하고 신법은 왼쪽으로 돌려 가슴을 남쪽으로 향한다. 왼쪽 다리는 고
관절의 경을 가라앉혀 접고 마보를 지나 측마보를 만든다. 왼손은 역전하여 배꼽
부위로 당겨 파형을 만들고 파심은 아래를 향한다. 오른손은 주먹을 쥐어 서남쪽

호첨으로 역전하여 권을 내지르고 권심은 아래를 향한다.

작용: 좌채우굉탄두열법(左采右肱彈抖挒法)

상대가 팔꿈치를 가라앉혀 나의 공격을 무력화하고 왼손으로 나의 왼쪽 손목을 돌려 잡으면 그 흐름을 타고 왼손을 뒤집어 상대의 손목을 돌려 잡아 배꼽 부위로 당기며 오른쪽 권은 상대의 복부 혹은 늑골 부위를 공격한다. 상대방이 왼쪽 팔꿈치를 가라앉혀 나의 오른쪽 팔꿈치를 막아 권의 공격을 무력화하면 나는 오른쪽 권에 힘을 가해 오른쪽 이두근 부위로 탄두경을 만들어 상대의 왼쪽 팔꿈치 관절을 분력으로 공격한다.

51. 도삽화(倒揷花)

모두 8개의 분해 동작이다.

1. 시선은 북쪽을 보고 신법은 오른쪽으로 돌려 가슴을 서북쪽으로 향한다. 왼쪽 다리는 고관절의 경을 가라앉혀 발뒤꿈치를 축으로 발끝을 내측으로 돌리고 오른쪽 다리는 뒤꿈치를 들어 발끝으로 지면을 그으며 왼발 앞으로 당겨 마보를 만든다. 왼손은 장으로 만들어 손바닥이 위쪽을 향하고 오른손은 순전하여 팔꿈치를 가라앉혀 왼손 손바닥 위로 권을 내려치고 권심은 위로 향한다.

작용: 퇴보우주붕법(退步右肘掤法)

만약 상대가 북쪽 방향에서 오른발이 먼저 나와 밀어 공격해 오면 즉시 신법을 오른쪽으로 돌려 퇴소법으로 걷어내거나 팔꿈치를 가라앉히며 상대의 공격을 무력화시킨다.

2. 시선은 불변하고 신법은 왼쪽으로 돌려 가슴을 서쪽으로 향한다. 오른쪽 다리는 북쪽으로 나아가며 왼쪽 다리를 근보로 당겨 마보를 만든다. 왼손은 파형으로 만들어 배꼽 부위로 당겨 모으고 파심은 아래를 향한다. 오른손은 북쪽 호저로 팔꿈치를 가라앉혀 역전하며 내려친다.

작용: 진보우권제법(進步右拳擠法)

상대의 공격이 무력화되고 뒤로 물러나면 그 흐름을 타고 앞으로 나아가 상대의 왼쪽 손목을 잡고 팔꿈치 제열법으로 공격한다. 또한 권으로 상대의 당부를 공격할 수도 있다.

3. 시선과 신법은 불변하고 가슴을 서쪽으로 향한다. 오른쪽 다리는 고관절의 경을 가라앉혀 견고하게 세우고 왼쪽 다리는 무릎을 들어 북쪽 방향 무릎 높이로 발끝을 외측으로 돌려 발바닥으로 찬다.

오른손은 팔꿈치를 가라앉혀 순전하여 북쪽 호첨으로 펼치고 손바닥은 서쪽을 향하며 중지는 위로 비스듬히 치켜세운다. 왼손은 역전하여 원을 그리며 장형으로 만들어 서남쪽 호저로 펼치고 손바닥은 아래로 향하고 중지는 위로 비스듬히 치켜세운다.

작용: 우붕좌퇴단법(右掤左腿踹法)
상대가 몸을 움츠려 공격을 무력화하고 다시 권으로 공격해 오면 오른손으로 걸어 막고 왼발로 무릎을 차고 중심을 잃게 만든다.

4. 시선은 불변하고 신법은 먼저 오른쪽으로 돌리고 다시 왼쪽으로 돌려 가슴을 서쪽으로 향한다. 왼쪽 다리는 오른발 앞으로 발끝을 바깥쪽으로 돌려 내려놓는다. 오른쪽 다리는 한 발 나아가며 마보를 만든다. 왼손은 위로 원을 그리며 북쪽 호첨을 지나 배꼽 부위로 피형으로 만들어 당기고 파심은 아래를 향한다. 오른손은 순전하여 권형으로 만들고 가슴 앞으로 당기고 다시 역전하여 팔꿈치를 가라앉혀 북쪽 호저로 쳐내고 권심은 아래로 향한다.

작용: 좌채우권제법(左采右拳擠法)
상대가 뒤로 물러나면 그 흐름을 타고 한 발 나아가 왼손으로 상대의 왼쪽 손목을

돌려 잡고 오른쪽 팔꿈치 제열법으로 공격한다. 또한 권으로 상대의 당부를 공격할 수도 있다.

5. 시선과 신법은 불변하고 가슴을 서쪽으로 향한다. 오른쪽 다리는 고관절의 경을 가라앉혀 견고하게 세우고 왼쪽 다리는 무릎을 들어 북쪽 방향 무릎 높이로 발끝을 외측으로 돌려 발바닥으로 찬다.
오른손은 팔꿈치를 가라앉혀 순전하여 북쪽 호첨으로 펼치고 손바닥은 서쪽을 향하며 중지는 위로 비스듬히 치켜세운다. 왼손은 역전하여 원을 그리며 장형으로 만들어 서남쪽 호저로 펼치고 손바닥은 아래로 향하고 중지는 위로 비스듬히 치켜세운다.

작용: 우붕좌퇴단법(右掤左腿踹法)
상대가 몸을 움츠려 공격을 무력화하고 다시 권으로 공격해 오면 오른손으로 걸어 막고 왼발로 무릎을 차고 중심을 잃게 만든다.

6. 시선은 불변하고 신법은 먼저 오른쪽으로 돌리고 다시 왼쪽으로 돌려 가슴을 서쪽으로 향한다. 왼쪽 다리는 오른발 앞으로 발끝을 바깥쪽으로 돌려 내려놓는다. 오른쪽 다리는 한 발 나아가며 마보를 만든다. 왼손은 위로 원을 그리며 북쪽 호첨을 지나 배꼽 부위로 파형으로 만들어 당기고 파심은 아래를 향한다. 오른손은 순전하여 권형으로 만들고 가슴 앞으로 당기고 다시 역전하여 팔꿈치를 가라앉혀 북쪽 호저로 쳐내고 권심은 아래로 향한다.

작용: 좌채우권제법(左采右拳擠法)

상대가 뒤로 물러나면 그 흐름을 타고 한 발 나아가 왼손으로 상대의 왼쪽 손목을 돌려 잡고 오른쪽 팔꿈치 제열법으로 공격한다. 또한 권으로 상대의 당부를 공격할 수도 있다.

7. 시선과 신법은 불변하고 가슴을 서쪽으로 향한다. 오른쪽 다리는 고관절의 경을 가라앉혀 견고하게 세우고 왼쪽 다리는 무릎을 들어 북쪽 방향 무릎 높이로 발끝을 외측으로 돌려 발바닥으로 찬다.
오른손은 팔꿈치를 가라앉혀 순전하여 북쪽 호첨으로 펼치고 손바닥은 서쪽을 향하며 중지는 위로 비스듬히 치켜세운다. 왼손은 역전하여 원을 그리며 장형으로 만들어 서남쪽 호저로 펼치고 손바닥은 아래로 향하고 중지는 위로 비스듬히 치켜세운다.

작용: 우붕좌퇴단법(右掤左腿踹法)

상대가 몸을 움츠려 공격을 무력화하고 다시 권으로 공격해 오면 오른손으로 걸어 막고 왼발로 무릎을 차고 중심을 잃게 만든다.

8. 시선은 불변하고 신법은 먼저 오른쪽으로 돌리고 다시 왼쪽으로 돌려 가슴을 서쪽

으로 향한다. 왼쪽 다리는 오른발 앞으로 발끝을 바깥쪽으로 돌려 내려놓는다. 오른쪽 다리는 한 발 나아가며 마보를 만든다. 왼손은 위로 원을 그리며 북쪽 호첨을 지나 배꼽 부위로 파형으로 만들어 당기고 파심은 아래를 향한다. 오른손은 순전하여 권형으로 만들고 가슴 앞으로 당기고 다시 역전하여 팔꿈치를 가라앉혀 북쪽 호저로 쳐내고 권심은 아래로 향한다.

작용: 좌채우권제법(左采右拳擠法)

상대가 뒤로 물러나면 그 흐름을 타고 한 발 나아가 왼손으로 상대의 왼쪽 손목을 돌려 잡고 오른쪽 팔꿈치 제열법으로 공격한다. 또한 권으로 상대의 당부를 공격할 수도 있다.

52. 좌이굉(左二肱)

모두 2개의 분해 동작이다.

1. 시선은 북쪽을 보고 신법은 오른쪽으로 돌려 가슴을 북쪽으로 향한다. 보법은 불변하고 고관절의 경을 가라앉혀 견고하게 세운다. 오른손은 순전으로 팔꿈치를 가라앉혀 늑골 부위로 당기고 권심은 안쪽을 향한다. 왼손은 권을 만들어 팔꿈치를 가라앉혀 순전하여 북쪽 호첨으로 펼치고 권심은 위로 향한다.

작용: 우인채좌제열타법(右引采左擠挒打法)

상대가 몸을 움츠려 나의 공격을 무력화하고 오른손으로 공격하면 오른손으로 이끌어 왼손 전완 부위로 공격한다.

2. 시선은 불변하고 신법은 왼쪽으로 돌려 가슴을 서쪽으로 향한다. 보법은 불변하고 고관절의 경을 가라앉혀 견고하게 세운다. 왼손은 팔꿈치를 늑골 부위로 당기고 권심은 아래를 향한다. 오른손은 팔꿈치를 가라앉혀 북쪽 호첨으로 치고 권심은 위로 향한다.

작용: 좌인채우제열타법(左引采右擠挒打法)

상대가 몸을 움츠려 팔꿈치를 가라앉혀 나의 공격을 무력화하고 왼손으로 공격하면 상대의 흐름을 타고 왼손으로 이끌어 오른팔의 제·열·타법으로 공격한다.

53. 좌변식타장(左變式打樁)

모두 2개의 분해 동작이다.

1. 시선은 북쪽을 보고 신법은 오른쪽으로 돌려 가슴을 동북쪽으로 향한다. 오른쪽 다리는 고관절의 경을 가라앉혀 견고하게 세우고 왼쪽 다리는 북쪽으로 한 발 나아가 오른쪽 다리를 근보로 당겨 마보를 만든다. 오른손은 파형으로 만들어 가슴 앞으로 당기고 파심은 아래를 향한다. 왼손은 북쪽 호첨으로 펼치고 권심은 아래로 향한다.

작용: 우채좌굉붕법(右采左肱掤法)
상대가 팔꿈치를 가라앉혀 공격을 무력화하고 오른손으로 공격하면 그 흐름을 타고 오른쪽 손목을 돌려 잡고 왼발이 앞으로 나아가며 왼쪽 전완으로 상대의 팔을 막고 근보로 당기며 제법으로 공격한다.

2. 시선은 남쪽을 보고 신법은 오른쪽으로 돌려 가슴을 서남쪽으로 향한다. 왼쪽 다리는 발뒤꿈치를 축으로 발끝을 내측으로 감아 돌리고 오른쪽 다리는 뒤로 원을 그리며 북쪽을 향한다. 오른손과 왼손은 그대로 유지한다.

작용: 우채좌굉열법(右采左肱挒法)
앞의 공격에 상대가 대항하면 오른손을 견고하게 돌려 잡고 신법을 오른쪽으로 돌리며 상대를 이끌어 굉열법으로 공격한다.

54. 좌회두당문포(左回頭當門炮)

모두 2개의 분해 동작이다.

1. 시선은 남쪽을 보고 신법은 오른쪽으로 돌려 가슴을 서북쪽으로 향한다. 오른쪽 다리는 고관절의 경을 가라앉혀 견고하게 세우고 왼쪽 다리는 남쪽으로 한 발 나아가 측마보를 만든다. 왼손은 팔꿈치를 가라앉혀 순전하여 당기고 권심은 위로 향한다. 오른쪽 손은 순전하여 가슴 앞에서 파형을 유지하고 자전하여 파심은 위로 향한다.

작용: 진보좌랄붕법(進步左挒掤法)
상대가 팔꿈치를 가라앉혀 제법으로 공격하면 상대의 흐름을 타고 이끌어 당겨 공격한다.

2. 시선은 불변하고 신법은 왼쪽으로 돌려 가슴을 서남쪽으로 향한다. 양쪽 다리의 보법은 불변하고 고관절의 경을 가라앉혀 측마보를 만든다. 왼손은 역전하여 팔꿈치를 가라앉혀 남쪽 호첨으로 펼치고 권심은 아래로 향한다. 오른손은 역전하여 남쪽으로 펼치고 권심은 아래를 향한다.

작용: 좌권제법(左拳擠法)

상대가 팔꿈치를 가라앉혀 나의 공격을 무력화하고 제법으로 공격하면 신법을 왼쪽으로 돌리며 제법으로 치며 공격한다. 또한 권으로 상대의 목 부위를 공격한다.

55. 우이굉(右二肱)

모두 2개의 분해 동작이다.

1. 시선은 남쪽을 보고 신법은 왼쪽으로 돌려 가슴을 동남쪽으로 향한다. 양쪽 고관절의 경을 가라앉혀 보법은 불변한다. 왼손은 순전하여 팔꿈치를 늑골 부위로 당기고 권심은 위로 향한다. 오른손은 팔꿈치를 가라앉혀 순전하여 남쪽 호첨으로 펼치고 권심은 위로 향한다.

작용: 좌채우제열법(左采右擠挒法)

상대가 팔꿈치를 가라앉혀 나의 왼손을 돌려 잡아 공격하면 왼손으로 이끌며 오른 팔로 상대의 팔꿈치 부위를 제열법으로 공격한다.

2. 시선은 불변하고 신법은 오른쪽으로 돌려 가슴을 서남쪽으로 향한다. 양쪽 고관절의 경을 가라앉히고 보법은 불변한다. 오른손은 팔꿈치를 가라앉혀 역전하여 늑골 부위로 당기고 권심은 아래로 향한다. 왼손은 순전하여 팔꿈치를 가라앉혀 남쪽 호첨으로 펼치고 권심은 위로 향한다.

작용: 우채좌제열법(右采左擠挒法)

상대가 나의 공격을 무력화하고 오른손으로 공격하면 그 흐름을 타고 오른손을 이끌어 당기며 왼쪽 전완으로 상대의 팔꿈치를 열법으로 공격한다.

56. 우변식타장(右變式打椿)

모두 2개의 분해 동작이다.

1. 시선은 남쪽을 보고 신법은 왼쪽으로 돌려 가슴을 동남쪽으로 향한다. 왼쪽 다리는 고관절의 경을 가라앉혀 견고하게 세우고 오른쪽 다리는 남쪽으로 한 발 나아가 왼쪽 다리를 근보로 당겨 마보를 만든다. 왼손은 파형으로 만들어 가슴 앞으로 당기고 파심은 아래를 향한다. 오른손은 남쪽 호첨으로 펼치고 권심은 아래로 향한다.

작용: 좌채우제붕법(左采右擠掤法)

상대가 팔꿈치를 가라앉혀 공격을 무력화하고 왼손으로 공격하면 그 흐름을 타고 왼쪽 손목을 돌려 잡고 오른발이 앞으로 나아가며 오른쪽 전완으로 상대의 팔을 막고 근보로 당겨 제법으로 공격한다.

2. 시선은 북쪽을 보고 신법은 왼쪽으로 돌려 가슴을 서북쪽으로 향한다. 오른쪽 다리는 발뒤꿈치를 축으로 발끝을 내측으로 감아 돌리고 왼쪽 다리는 원을 그리며 남쪽을 향한다. 왼손과 오른손은 그대로 유지한다.

작용: 좌채우굉열법(左采右肱挒法)

앞의 공격에 상대가 대항하면 왼손을 견고하게 돌려 잡고 신법을 왼쪽으로 돌리며 상대를 이끌어 열법으로 공격한다.

57. 우회두당문포(右回頭當門炮)

모두 2개의 분해 동작이다.

1. 시선은 북쪽을 보고 신법은 왼쪽으로 돌려 가슴을 서남쪽으로 향한다. 왼쪽 다리는 고관절의 경을 가라앉혀 견고하게 세우고 오른쪽 다리는 북쪽으로 한 발 나아가 측마보를 만든다. 오른손은 팔꿈치를 가라앉혀 순전하여 당기고 권심은 위로 향한다. 왼손은 순전하여 가슴 앞에서 파형을 유지하며 자전하고 파심은 위로 향한다.

작용: 진보우람붕법(進步右掤挒法)

상대방이 팔꿈치를 가라앉혀 제법으로 공격하면 상대의 흐름을 타고 이끌어 당겨 공격한다.

2. 시선은 불변하고 신법은 오른쪽으로 돌려 가슴을 서북쪽으로 향한다. 양쪽 다리의 보법은 불변하고 고관절의 경을 가라앉혀 측마보를 만든다. 오른손은 역전하여 팔꿈치를 가라앉혀 북쪽 호첨으로 펼치고 권심은 아래로 향한다. 왼손은 역전하여 북쪽으로 펼치고 권심은 아래를 향한다.

작용: 우권제법(右拳擠法)

상대방이 팔꿈치를 가라앉혀 나의 공격을 무력화하고 제법으로 공격하면 신법을 오른쪽으로 돌리며 제법으로 치며 공격한다. 또한 권으로 상대의 목 부위를 공격할 수도 있다.

58. 별신추(撇身捶)

모두 2개의 분해 동작이다.

진식실용태극권법 2로

1. 시선은 남쪽을 보고 신법은 왼쪽으로 돌려 가슴을 서남쪽으로 향한다. 양쪽 다리의 보법은 불변하고 왼쪽 고관절의 경을 가라앉혀 접는다. 왼손은 역전하여 배꼽 부위로 당기고 권심은 아래를 향한다. 오른손은 역전하여 배꼽 부위로 모으고 권심은 아래를 향한다.

작용: 좌전신좌붕법(左轉身左掤法)
상대가 팔꿈치를 가라앉혀 무력화하고 다시 밀어 누르며 공격하면 상대의 흐름을 타고 신법을 왼쪽으로 돌려 상대의 공격을 무력화한다.

2. 시선은 불변하고 신법은 오른쪽으로 돌려 가슴을 서쪽으로 향한다. 양쪽 다리의 보법은 불변하고 고관절의 경을 가라앉힌다. 양손은 동시에 순전하여 왼손은 남쪽 호저로 펼치고 오른손은 북쪽 호정으로 크게 펼치며 양손의 권심은 위로 향한다.

작용: 우권제법(右拳擠法)
상대가 나의 방어를 무력화하고 거두어들이려고 하면 그 흐름을 타고 상대의 안면 및 몸통 부위를 제법으로 펼치며 공격한다.

59. 요란주(拗攔肘)

모두 1개의 분해 동작이다.

1. 시선은 남쪽을 보고 신법은 왼쪽으로 돌려 가슴을 동쪽으로 향한다. 왼쪽 다리는 뒤꿈치를 축으로 발끝을 바깥쪽으로 돌리고 오른쪽 다리는 무릎을 들어 남쪽으로 진각으로 내려 마보를 만든다. 왼손은 팔꿈치를 늑골에 붙이고 역전하여 파형을 만들고 파심은 아래를 향한다. 오른손은 역전하여 오른뺨 부위를 지나 팔꿈치를 가라앉혀 순전하여 동남쪽 호첨으로 펼친다.

작용: 좌채우주열법(左采右肘挒法)
만약 상대가 나의 왼쪽에서 왼손을 돌려 잡아 공격하면 그 흐름을 타고 상대의 손목을 역으로 돌려 잡아 오른발이 앞으로 나아가며 팔꿈치의 열법으로 공격한다.

60. 순란주(順攔肘)

모두 2개의 분해 동작이다.

1. 시선은 남쪽을 향하고 신법은 왼쪽으로 돌려 가슴을 동북쪽으로 향한다. 왼쪽 다리는 고관절의 경을 가라앉혀 견고하게 세우고 오른쪽 다리는 남쪽으로 한 발 나아가 측마보를 만든다. 왼손은 원위치에서 자전하고 오른손은 순전하여 동남쪽 호정으로 들어 펼치고 권심은 위로 향한다.

작용: 좌채우주붕법(左采右肘掤法)

상대가 팔꿈치를 가라앉혀 나의 공격을 무력화하면 상대방의 흐름을 타고 오른발이 나가며 왼팔을 이끌어 상대가 중심을 잃게 한다.

2. 시선은 불변하고 신법은 오른쪽으로 돌려 가슴을 동쪽으로 향한다. 오른쪽 다리는 고관절의 경을 가라앉히고 왼쪽 다리는 근보로 당겨 마보를 만든다. 오른손은 역전하여 팔꿈치를 남쪽으로 치고 장심은 아래로 향한다. 왼손은 순전하여 팔꿈치를 북쪽 호첨으로 펼치고 장심은 위로 향한다.

작용: 진보우주법(進步右肘法)

상대가 나의 붕법을 무력화하려 하면 즉시 오른쪽 보법이 나아가며 팔꿈치로 상대의 몸통을 공격한다.

61. 와저포(窩底炮)

모두 2개의 분해 동작이다.

1. 시선은 동남쪽을 보고 신법은 먼저 오른쪽으로 돌리고 다시 왼쪽으로 돌려 가슴을 동북쪽으로 향한다. 왼쪽 다리는 고관절의 경을 가라앉혀 견고하게 세우고 오른쪽 다리는 왼발 내측으로 당겨 허보를 만든다. 오른손은 순전하여 권형으로 만들고 원을 그리며 남쪽 호첨을 지나 역전하여 무릎 앞으로 내리고 권심은 안쪽을 향한다. 왼손은 원위치에서 자전하여 파형으로 만들고 파심은 아래를 향한다.

작용: 좌채우주붕법(左采右肘掤法)

상대가 몸을 움츠려 나의 주법을 무력화하고 밀어 공격하면 오른쪽 권을 감아 당겨 상대의 팔을 무력화한다.

2. 시선은 남쪽을 향하고 신법은 오른쪽으로 돌려 가슴을 동쪽으로 향한다. 오른쪽 다리는 남쪽으로 한 발 나아가고 왼쪽 발을 근보로 당겨 마보를 만든다. 오른쪽 권은 순전하여 원을 그리며 동남쪽 호정으로 펼치고 권심은 위로 향한다. 왼손은 배꼽 부위로 내리고 파심은 아래쪽을 향한다.

작용: 진보우격붕법(進步右擊掤法)

상대가 나의 공격을 벗어나고자 앞으로 상체를 기울여 무력화하면 그 흐름을 타고 오른팔을 들어 올리며 상대의 얼굴 부위를 공격한다.

62. 경란직입(徑攔直入)

모두 1개의 동작이다.

1. 시선은 동남쪽을 보고 신법은 오른쪽으로 돌려 가슴을 남쪽으로 향한다. 오른쪽 다리는 발뒤꿈치를 축으로 발끝을 바깥쪽으로 돌리고 왼쪽 다리는 동남쪽으로 나아가 마보를 만든다. 왼손은 역전하여 동남쪽 호첨으로 펼치고 손바닥은 동남쪽을 향하고 중지는 위로 비스듬히 치켜세운다. 오른손은 역전하여 바깥쪽 위로 원을 그리며 서남쪽 호정으로 펼치고 손바닥은 서남쪽을 향하며 중지는 위로 비스듬히 치켜세운다.

작용: 진보우채좌안좌굉붕법(進步右采左按左肱掤法)

상대가 오른쪽 팔꿈치를 가라앉혀 제법으로 공격을 무력화하면 나는 오른손으로 상대방의 오른쪽 손목을 돌려 잡으며 왼쪽 다리가 나아가 채법으로 당기고 왼쪽 팔뚝은 상대방 오른쪽 팔꿈치 관절에 붙이고 안장으로 밀어 공격한다.

63. 풍소매화(風掃梅花)

모두 1개의 동작이다.

1. 시선은 먼저 남쪽을 보고 신법은 오른쪽으로 돌려 가슴을 서쪽으로 향한다. 다시 신법을 오른쪽으로 180도 돌려 시선과 가슴을 동쪽으로 향한다. 왼쪽 다리는 발뒤 꿈치를 축으로 발끝을 안쪽으로 당겨 경을 가라앉히고 내팔 자(八) 형태의 마보를 만들고 다시 신법을 따라 오른쪽 다리는 발끝을 지면에 붙여 동남쪽으로 후소법으로 쓸어 당기고 왼쪽 다리는 신법을 따라 발뒤꿈치를 축으로 발끝을 감아 돌려 전 허보로 만든다. 왼손은 동남쪽 호저로 누르고 손바닥은 아래쪽을 향하고 중지는 위로 비스듬히 치켜세우고 다시 오른쪽으로 돌려 동북쪽 호저로 돌린다. 오른손은 먼저 오른쪽으로 돌릴 때 서북쪽 호정으로 펼치고 다시 오른쪽으로 돌려 동남쪽 호정으로 돌리고 손바닥은 동남쪽을 향하고 중지는 위로 비스듬히 치켜세운다.

작용: 우채좌굉열법우퇴소법(右采左肱挒法右腿掃法)
상대가 복부를 빠르게 당기는 방법으로 나의 공격을 무력화하면 나는 즉시 몸을 오른쪽으로 돌려 계속 상대의 오른쪽 손목을 오른쪽으로 당기고 왼쪽 팔뚝 부위로 상대의 오른쪽 팔꿈치 관절을 흔들어 튕겨낸다. 만약 왼쪽 팔뚝의 공격에 중심을 잃으면 즉시 오른쪽 다리로 상대의 다리를 쓸어 당겨 넘어뜨린다.

64. 금강도대(金剛搗碓)

모두 2개의 동작이다.

1. 시선은 동쪽을 보고 신법은 먼저 오른쪽으로 돌리고 다시 왼쪽으로 돌려 가슴을 동쪽으로 향한다. 양쪽 다리는 신법을 따라 오른쪽으로 돌릴 때 오른쪽 무릎을 높게 들고 왼쪽 다리로 지면을 밀어 뛰어오른다. 왼손은 신법을 따라 오른쪽으로 돌릴 때 역전하여 바깥쪽 아래에서 위로 원을 그리며 호정을 지나 호근으로 모으고 다시 위로 뛰어오를 때 배꼽 부위로 가라앉혀 손바닥은 위쪽을 향하고 중지는 오른쪽을 향한다. 오른손은 신법을 따라 오른쪽으로 돌릴 때 역전하여 바깥쪽 위에서 아래로 원을 그리며 호저를 지나 호근으로 모으고 다시 위로 뛰어오를 때 권을 쥐고 순전하여 턱 앞으로 들어올리고 권심은 안쪽을 향한다.

작용: 우주열법우슬타법(右肘挒法右膝打法)
만약 상대가 나의 전방에서 왼손으로 나의 오른쪽 허리 쪽 혹은 옷을 잡고 솔법으로 나를 공격하면 나는 오른팔로 상대방의 왼쪽 팔꿈치 관절을 걸어 당기고 위쪽으로 뛰어올라 흔들어 떨치고 동시에 오른쪽 무릎으로 상대방의 당부를 공격한다.

2. 시선과 신법은 불변한다. 양쪽 다리는 지면에 내릴 때 먼저 왼쪽 그리고 오른쪽 순으로 자연스럽게 고관절의 경을 가라앉혀 진각으로 밟아 마보를 만든다. 왼손은 움직이지 않고 오른손은 진각과 동시에 왼쪽 장심 위로 내려치고 권심은 위쪽을 향한다.

작용: 우각타법(右脚踩法)

만약 상대가 슬타법을 무력화할 경우 양손의 열나법에 전사를 가하며 오른쪽 다리
는 상대방의 발을 밟아 공격한다.

수세

1. 시선과 신법은 불변한다. 양쪽 다리는 천천히 세우고 왼쪽 다리를 당겨 수세를 만
든다. 양손은 동시에 역전하여 장형으로 만들고 손바닥은 아래쪽으로 아래로 눌러
내리고 왼쪽 다리를 병보로 붙일 때 양손의 힘을 늘어뜨려 양쪽 고관절 외측에 붙
인다.

진식실용태극권 추수훈련법

그림 1

1. 추수는 쌍방이 서로 마주 보고 서 있는 상태에서 시작한다. 그림 1
[갑: 하얀 옷 / 을: 푸른 옷]

2. 갑은 공격자로 신법은 왼쪽으로 돌리고 을에게 한 발다가간다. 동시에 오른손은 역전하여 을의 가슴을 향해 주먹을 쳐내며 왼손은 순전하여 가슴 앞으로 올려 방어한다. 을은 시선은 갑을 바라보며 신법을 오른쪽으로 돌려 경을 가라앉히고 왼발이 앞으로 나아가 좌전허보가 된다. 동시에 오른손이 순전하여 팔꿈치를 가라앉혀 가슴 쪽으로 들어올 갑의 손목 바깥쪽에 붙이고 왼손은 역전하여 갑의 팔꿈치 관절 바깥쪽 위에 붙인다. 이것은 쌍방의 붕법이다. 그림 2

그림 2

3. 붕의 공격을 해결하는 방법은 랄 혹은 채붕이다. 그러나 상대방의 기세의 크기와 경로의 높낮이에 따라 변화해야한다. 가령 갑의 몸은 여전히 좌전하고 오른발이 을의 당부 내측으로 전진해 오면 이때는 을의 가슴을 공격하던 손은 밖으로 밀려났으며 또 팔꿈치로 들어가려 할 때 을은 신법을 계속 오른쪽으로 돌려 오른발이 침경하고 왼발이 갑의 오른쪽 다리 바깥

그림 3

쪽으로 들어가는 동시에, 오른손은 역전하며 갑의 오른쪽 손목을 끌어당겨 오른쪽 후방 비스듬히 위로 회전하고, 높이는 눈 부위와 일치한다. 왼손은 순전하여 아래쪽으로 내리며 바깥쪽으로 돌려 팔꿈치를 안쪽으로 당기고, 손의 방향은 변하지 않고, 이로써 수와제법을 무력화한다. 그림 3

4. 갑이 채를 당하여 신법을 오른쪽으로 돌리고 당경을 가라앉혀 우측마보가 되어 우측 어깨로 고가 들어간다. 을도 신법을 왼쪽으로 돌리고 침경하여 좌측마보가 된다. 동시에 왼손은 역전하여 갑의 왼쪽 손목을 밀어내고 오른손은 순전하여 중지를 안쪽 위로 치켜세우고 장(掌)으로 갑의 왼쪽 팔꿈치 관절 위를 누른다. 중지는 안쪽 위로 비스듬히 치켜세운다. 이것이 을의 안법이다. 갑은 왼쪽 팔꿈치를 느슨하게 가라앉혀 무력화하고 손가락은 여전히 을의 가슴 앞을

그림 4

향한다. 이와 동시에 오른손은 역전하여 을의 왼쪽 상방향으로 향하게 하고 왼쪽 팔꿈치의 화경과 배합하여 다음 전환의 기세를 준비한다. 이것은 갑이 안(按)의 수법을 무력화시키는 것이다. 그림 4

5. 갑은 오른손의 붕경을 이용하여 을의 왼팔 위로 감아올려 신법을 왼쪽으로 돌리고 동시에 왼손은 순전하여 을의 손목을 이끌고 또한 오른손을 역전하여 을의 왼쪽 팔꿈치 아래로 돌려 왼팔 바깥쪽 위로 가고 바로 순전하여 을의 왼팔 위에 합친다. 동시에 신법을 왼쪽으로 돌려 마보를 만든다. 이것이 갑의 또 하나의 붕법이다. 을은 신법을 오른쪽으로 돌려 마보가 되고 왼쪽 팔꿈치는 느슨하게 내려 역전하여

그림 5

앞으로 왼손을 따라가며 오른손은 여전히 순전하여 팔꿈치를 옆구리에 붙이고 손은 가슴에 있다. 이것이 을의 또 하나의 붕법이다.

갑은 붕에서 랄로 바꾸고, 신법을 계속 왼쪽으로 돌려 당을 가라앉혀 측마보를 만든다. 동시에 왼손은 순전하며 을의 왼쪽 손목을 당겨 가슴 앞에 오게 하고, 오른손도 순전하며 아래로 가라앉혀 바깥쪽으로 굴리며 왼쪽 아래 을의 왼팔을 랄로 쓸어낸다. 이것이 갑의 랄법이다.

을은 신법을 계속 오른쪽으로 돌려 측마보가 되고, 왼손은 여전히 역전하며 갑의 왼쪽 옆구리 바깥쪽으로 따라오고, 오른손은 여전히 순전하며 왼팔의 굽혀진 내측으로 합친다. 이것이 을의 제법이다. 그림 5

6. 갑은 을에게 제법을 당한 뒤 신법을 오른쪽으로 돌려 오른손은 역전하며 무력화하고 왼손은 순전하며 랄로 당겨 을의 왼손을 그의 가슴에 안법으로 누른다. 신법은 오른쪽으로 돌려 오른쪽 다리를 침경하고 측마보를 만든다. 이것이 갑의 또 하나의 안법이다. 그림 6

그림 6

이상은 진식실용태극권의 추수연습 방법으로 서로 휘감으며 반복 연습을 할 수 있다. 만약 초보자가 이러한 변화들을 숙달했다면 다시 일진일퇴로 하여 활보추수를 해도 된다.